मेरे देश में कहते हैं धन्यवाद

रने शार् की कविताएँ

मेरे देश में कहते हैं धन्यवाद
रने शार् की कविताएँ

चयन, परिचय और अनुवाद

शरद चन्द्रा

राजकमल प्रकाशन

ISBN : 978-93-89577-85-3

मूल्य : ₹395

पहला संस्करण : 2020

प्रकाशक : राजकमल प्रकाशन प्रा. लि.
1-बी, नेताजी सुभाष मार्ग, दरियागंज
नई दिल्ली-110 002

शाखाएँ : अशोक राजपथ, साइंस कॉलेज के सामने, पटना-800 006
पहली मंजिल, दरबारी बिल्डिंग, महात्मा गांधी मार्ग, इलाहाबाद-211 001
36 ए, शेक्सपियर सरणी, कोलकाता-700 017

वेबसाइट : www.rajkamalprakashan.com
ई-मेल : info@rajkamalprakashan.com

मुद्रक : बी.के. ऑफसेट
नवीन शाहदरा, दिल्ली-110 032

MERE DESH MEIN KAHTE HAIN DHANYAVAD
René Char Ki Kavitayen
Introduction, selection and translation by Sharad Chandra

केदारनाथ सिंह जी की स्मृति को
सादर समर्पित

क्रम

कुछ शब्द इस अनुवाद और रने शार् के बारे में

कवि केदारनाथ सिंह जी ने कई बार मुझसे रने शार् की कविताओं का अनुवाद करने के लिए कहा, लेकिन मैं, अपने से बड़ों के प्रति स्वभाव से आदरपूर्ण होने के बावजूद चुप रही। इसलिए, कि मुझे मालूम था कि रने शार् कितने दुरूह कवि हैं और उन्हें पढ़ना, समझना और फिर हिन्दी में अनुवाद करना कितना मुश्किल होगा। लेकिन 20 मार्च, 2018 को अचानक 'केदार स्मृति' नाम से संयोजित सभा की मिली सूचना ने मुझे बुरी तरह झकझोर दिया। मेरे लिए इस ख़बर पर विश्वास करना मुश्किल हो रहा था। मैंने तत्काल अशोक महेश्वरी जी को फोन किया यह जानने के लिए कि यह सब कैसे हुआ, कब हुआ। अगले दो-तीन दिन मैं अपने आपको दोष देती रही, धिक्कारती रही कि आख़िर क्यों मैं रने शार् की कविताओं का अनुवाद नहीं कर पाई थी? रात देर तक केदारनाथ सिंह जी की कविताएँ पढ़ती रही, रने शार् की कविताएँ पढ़ती रही। 26 मार्च को अशोक जी को फिर फोन किया कि मैं केदारनाथ सिंह जी को अपनी श्रद्धांजलि के रूप में रने शार् की कविताओं का अनुवाद शुरू कर रही हूँ, क्या वो इस पुस्तक को केदारनाथ सिंह जी की स्मृति में जल्दी निकाल पाएँगे? उनका अविलम्ब सकारात्मक जवाब इस पुस्तक के रूप में आपके सामने है। अशोक जी की इस स्वाभाविक सद्भावना के प्रति मैं कितना भी आभार, कितनी भी कृतज्ञता व्यक्त करूँ, कम होगा।

अनुवाद करने का निर्णय तो मैंने कर लिया लेकिन फिर मेरे लिए यह जानना आवश्यक हो गया कि आख़िर केदारनाथ सिंह जी को रने शार् इतने पसन्द क्यों थे? उनकी कविताओं में तो इसका कोई स्पष्ट संकेत मिलता नहीं

था। एक बार सोचा, उनकी छोड़ी हुई लेखन सामग्री में खोज करूँ। लेकिन उत्तराधिकारियों से आज्ञा लेने में समय लग रहा था और मैं ज़रा भी समय गँवाना नहीं चाह रही थी। मैंने केदारनाथ सिंह जी की पुस्तकें, उन पर लिखी पुस्तकें, उनके लेख, व्याख्यान, इंटरव्यू इत्यादि ढूँढ़-ढूँढ़कर पढ़ना शुरू किया और यह देखकर स्तम्भित रह गई कि उन्होंने 'बाहर' के कवियों और कविताओं पर कितना लिखा है—एज़रा पाउंड पर, एलियट पर, पुश्किन पर, रिल्के पर, समकालीन अंग्रेज़ी कविता पर। चिलियन कवि पाब्लो नरुदा तो उन्हें बहुत प्रिय थे। उन पर वो काम भी कर रहे थे। इसी छानबीन के दौरान मुझे वह कड़ी भी मिल गई जिसकी मुझे तलाश थी। रने शार् के प्रति उनके रुझान, रुचि की कुंजी, रने शार् पर लिखा उनका लेख—'रने शार् की कविता की अर्थवत्ता।'[1] केदारनाथ सिंह जी यह मानते थे कि रने शार् के भीतर एक किसान आत्मा निवास करती है, उनकी कविता का संसार अनागरिक (ग़ैर शहराती) है।[2] वो अपने एक साक्षात्कार में कहते हैं, "मैं गाँव का आदमी हूँ और दिल्ली में रहते हुए भी एक क्षण के लिए भी नहीं भूलता कि मैं गाँव का हूँ। यह गाँव का होना कोई मुहावरा नहीं है, बल्कि इसके विपरीत यह मेरे जीवन की एक गहरी लगाव-भरी वास्तविकता है, जिसे मैं अनेक स्तरों पर जीता हूँ...दरअसल मुझे लगता है कि मेरे भीतर एक सहज किसान के लगाव काम करते हैं और यह अकारण नहीं है कि उससे जुड़े हुए अनेक संकेत शायद मेरी रचना में भी ढूँढ़े जा सकते हैं...यह तय है कि आज हम उस तरह गाँव की तरफ़ नहीं लौट सकते, जैसे मध्ययुग के कवि लौट सकते थे। पर यह मुझे बराबर लगता है कि गाँव की चेतना और आधुनिकता जीवन की वास्तविकता के बीच एक सन्तुलनपूर्ण तनाव समकालीन हिन्दी कवि के लिए ज़रूरी है।"[3] वो मानते हैं कि "योरोप की सम्पूर्ण कविता के सन्दर्भ में किसान आत्मा शब्द कुछ अटपटा-सा लगता है। पर रने शार् के सन्दर्भ में यह एक ऐसी सचाई है जो उन्हें अपने समय की पूरी पाश्चात्य सभ्यता से अलग करती है...अपनी इस विलक्षण भूमिका के बावजूद रने शार् की कविता गहनतम अर्थों में बीसवीं सदी की कविता है।"[4] अपनी बात स्पष्ट करते हुए वो फिर दोहराते हैं कि रने शार् की रचनाओं में गाँव या क़स्बाई माहौल के लिए कोई रोमांटिक आग्रह नहीं है, न ही नागरिक सभ्यता के निषेध का कोई स्वर, बल्कि रने शार् की कविता में "बीसवीं सदी के टूटते

और बिखरते हुए योरोपीय समाज की सारी निराशा के विरुद्ध जीवन की एक गहरी स्वीकृति है।''[5]

रने एमिल शार्, जिन्हें अल्बैर् कामू अपने समय का महानतम कवि मानते थे, का जन्म दक्षिणी फ्रांस के प्रोवॉन्स[6] प्रदेश के एक नामी और ख़ूबसूरत क़स्बे, ईल–सुर–सोर्ग[7] में, 7 जून, 1907 को हुआ था। उन्होंने अपने जीवन का ज़्यादातर समय पेरिस और प्रोवान्स में बिताया। रने शार् सन् 1964 में प्रकाशित अपनी एक कविता 'नाम का एलान' में अपनी स्थानीयता ऐसे बयान करते हैं :

> मैं दस साल का था। सोर्ग नदी मुझे बहुत लुभाती थी। सूरज पानी के डायल पर घंटे बजाया करता था। लापरवाही और परेशानी ने लोहे के मुर्गे को घरों की छत पर जड़ दिया था, जहाँ वे एक–दूसरे के सहारे सीधे खड़े रहते थे। लेकिन एक सुजान बच्चे के दिल में कौन सा पहिया ज़्यादा ज़ोर से घूम सकता है, ज़्यादा तेज़ घूम सकता है अपनी सफ़ेद आग के बीच घूमते पनचक्की के पहिए की बनिस्बत ?[8]

उनके पूरे लेखन में इस पृष्ठभूमि के प्रति उनकी पूरी श्रद्धा देखने को मिलती है। वो बड़े प्रेम से, हमारा परिचय प्रोवॉन्स के पेड़–पौधे, पशु–पक्षी, वहाँ की धूप, उसकी रोशनी, चमक, गमाई से करवाते हैं। और यही पृष्ठभूमि, यही प्रकाश अपने रूप–प्रतिरूपों सहित उनके बिम्बों के मूल में भी देखा जा सकता है। उनकी एक प्रसिद्ध और स्मरणीय कविता, 'सोर्ग' की प्रेरणा भी उन्हें प्रोवॉन्स के प्राकृतिक सौन्दर्य से ही मिली थी। शार् ने अपने बिम्ब और प्रतिमाएँ दक्षिण फ्रांस में बीते अपने बचपन से और वहाँ के प्राकृतिक दृश्यों से ली हैं। वो कोई देहाती कवि नहीं थे, लेकिन देहात के दृश्यों का प्रभाव उनकी कविताओं में भरपूर मिलता है। वो वाक्लूज़[9] के ईल–सुर–सोर्ग[10] के सोर्ग[11] नदी के, एप्ट[12] वन के, वान्तू[13] और मौं मिराई[14] के शिखर के गुणगान, उनके स्तुतिमय वर्णन के लिए विशेष रूप से जाने जाते हैं।

प्रकृति के प्रति शार् की आस्था उतनी ही दृढ़ थी जितनी अपनी कविताओं के शिल्प के प्रति। उन्होंने सोर्ग नदी के प्रदूषण, वान्तू—जिस पर प्रैटार्क[15] ने 1336 में विजय प्राप्त की थी—और मौं मिराईल पहाड़ों की चोटियों पर न्यूक्लियर रिएक्टरों के लगाने पर शहरी आपत्ति जताई थी। वो कोई आंचलिक या क्षेत्र विशेष के भी कवि नहीं थे, न ही फ्रेंच रॉबर्ट फ्रोस्ट।[16] वो सिर्फ़ यह मानते थे कि इन जाने-माने स्थानों के नाम के साथ बहुत सी कहानियाँ जुड़ी होती हैं इसलिए भी इनकी अवहेलना नहीं करनी चाहिए।

शार् की सृजनात्मक दृष्टि पर, उनके कविता लिखने के उद्देश्य और शिल्प पर जिन लोगों का प्रभाव रहा, उनमें ग्रीक दार्शनिक हेरा क्लाइटस,[17] फ्रैंच कलाकार जॉर्ज दि लातूर[18] और कवि आर्थर रैम्बो[19] को प्रमुख माना जाता है। रैम्बो का साया उनके बिम्बों पर स्पष्ट दिखता है, ख़ासतौर से उनकी सूक्ष्म, घनीभूत गद्य कविताओं में। कुछ और विशेषताएँ जैसे आवेश, उग्रता, ओजपूर्ण गति, सत्यनिष्ठा, जिन्हें सामान्यतया रैम्बों से जोड़ा जाता है, भी उनकी कविताओं में मिलती है, लेकिन वो उस पारलौकिक विस्तार में कभी प्रवेश करते नजर नहीं आते जो रैम्बो का सामान्य निवास हुआ करता था। शार् की कविताएँ, फ्रेग्मैन्ट्री (fragmentary) होती हैं, जीवन के किसी एक चुने हुए क्षण के अस्तित्व की जटिलता का अल्पांश। शार् पर एक और प्रभाव रहा अति यथार्थवाद का। सन् 1929 में वो पेरिस आ गए थे जहाँ उनकी मुलाकात हुई आरागौं,[20] आन्द्रे ब्रेतौं[21] और रने खैवल[22] से। ये सभी माने हुए अति यथार्थवादी कवि थे। शार् भी इनके दल में शामिल हो गए और 1930 तक उस सररियालिस्टिक (surrealistic) विधा में ही क्रियाशील रहे। उसके बाद, अगले छह महीनों में धीरे-धीरे वो उनसे और अतियथार्थवाद से अलग हो गए।

शार् ने अपना अधिकांश जीवन चाक्षुक कलाकारों (Visual artists) के साहचर्य (company) में बिताया। उनके घनिष्ठ मित्रों में से कुछ थे, जार्ज ब्राक्[23], निकोला द् स्ताइल[24], अलबर्तो जिया कॉमेती[25], और पिकासो[26]। शार् ने बहुत बार इन मित्रों के बारे में उन पर बहुत कुछ लिखा है, और इन कलाविदों में से बहुतों ने उनकी कविताओं का चित्रण किया है। शार् के जीवन काल में प्रकाशित, और अब भी, उनके ज़्यादातर कविता संकलन उनके ख़्याति-प्राप्त मित्रों द्वारा किए गए चित्रण या लिथोग्राफ़ के साथ आते थे। उनकी उपांति पुस्तक Les Voisinages de Van Gogh–In the Vicinities of Van Gogh का पहला संस्करण अलक्जौन्द्र गलपैरीन[27] के ग्वाश के साथ निकला था। इसलिए शार् की कविताएँ बहुत तरह से अविरोध चाक्षुष, दृष्टिमूलक होती हैं : यह काव्य बिम्ब, प्रतीक, रूप-रंग, गठन ग्रंथन से परिपूर्ण काव्य है, कला चित्रों के पार्श्व में और उनके सहारे रचा गया।

शार् की कविताएँ उनके जीवन भर, नए-नए संस्करणों में निकलती रहीं, बहुत बार विशिष्ट कलाकारों के illustrations के साथ जिनमें कॉडिस्की[28] पिकासो[29], ब्राक्[30], मिरा[31], मतिस[32] और वीरा द सिल्वा[33] विशेष रूप से उल्लेखनीय हैं। कलाकारों के इस समुदाय के साथ वो 1929 से 1934 तक जुड़े रहे। इस चरण में उन्होंने नई तरह की, नए तरीक़े की, स्वतःप्रेरित, बिना तर्क के अपने आप होने वाली, नैसर्गिक, स्वाभाविक, अकृत्रिम तरह की कविताएँ लिखीं जिनमें संयोग, संयोजन को खुला प्रवाह मिला, जिनसे नई-नई तरह के अनोखे बिम्ब बने। ये कविताएँ—Le Marteau Sans Maître—जिसे हिन्दी में मोटे तौर से कहेंगे *बिना स्वामी की हथौड़ी,* शीर्षक से 1934 में प्रकाशित हुईं। इस संग्रह को शार् के तीन प्रतिनिधि कविता संग्रहों में से एक माना जाता है। वास्तव में, इस संग्रह को अतियथार्थवाद की सही परिभाषा कहा जा सकता है।

दूसरे विश्वयुद्ध के शुरू होने से ज़रा पहले 1938 में शार् की कविताओं का जो संग्रह प्रकाशित हुआ उसका नाम था—Dehors la nuit est gouvernée (Outside the night is ruled)। हालाँकि यह संग्रह प्रत्यक्ष रूप से राजनीतिक नहीं था, यह उस अँधेरे की तरफ़ इशारा कर रहा था जो हिटलर के प्रभाव के तहत पूरे योरोप पर छाने वाला था। इस दशक का अन्त आते-आते जिस इत्तफाक ने शार् के ऊपर पहले हुए बाक़ी सभी प्रभावों का मिलाकर आपस में जोड़ दिया वह था उनका फ्रांस के रेज़िस्टैन्स मूवमेंट में प्रोवॉन्स के एक गाँव, सैरैस्त[35] की रेज़िस्टैन्स यूनिट के नेता के रूप में सक्रिय भाग लेना। जर्मन ऑकुपेशन[36] के दौरान शार् ने कोई कविता प्रकाशित नहीं की लेकिन वो लिखते बराबर रहे। उस अवधि में लिखी कविताएँ विश्व के सामने आईं Feuillets d' Hypnos यानी Leaves of Hypnos शीर्षक से निकले संग्रह के रूप में। यह एक तरह से शार् का काव्य रोज़नामचा है। 1941 से 1944 तक लिखा गया यह संग्रह 1946 में प्रकाशित हुआ और इसके क़रीब-क़रीब एकदम बाद शार् को एक प्रामाणिक रेज़िस्टैन्स लेखक माना जाने लगा। जहाँ

उनके ज़्यादातर साथी चुप होकर बैठ गए थे। शार् ने नात्ज़ी[37] और विशि अत्याचार[38] से लड़ने में अपनी जान की बाज़ी लगा दी थी। यद्यपि मलार्मे[39] के बाद शार् दूसरे मुश्किल कवि समझे जाते हैं। उनकी इन युद्ध के दौरान लिखी कविताओं में अस्पष्ट एकान्तवासीपन और दुर्बोधिता कम देखने में आते हैं जिसके फलस्वरूप तुलनात्मक दृष्टि से ये कविताएँ समझने में सरल और मधुर लगती हैं।

इसके अतिरिक्त शार् पर जिन फ्रांस से बाहर के कुछ लेखकों का प्रभाव रहा उनमें विशेष हैं, हैराक्लाईट्स[40], टैरैन्स[41], नीत्ज़े[42], होल्डरलिन[43] और हाईदगर[44]। इनमें सबसे ज़्यादा महत्त्वपूर्ण हैं, हाईदगर जिनकी सूक्तिपूर्ण शैली का भरपूर असर तो शार् पर दिखता ही है उनके विचारों की छवि भी साफ़ झलकती है, जैसे यह मानना कि सब कुछ हमेशा बदलता रहता है (state of becoming) और कि, दो द्वन्द्वों या विरोधों के संघर्ष से सामंजस्यपूर्ण एकत्व पैदा हो सकता है।

सूक्तियाँ शार् के पूरे कृतित्व का अविभाज्य अंग रही हैं। उनके सबसे पहले संग्रह, Arsenal (1929) से लेकर 1966 में निकले Retour Amont तक। उनके कुछ संग्रह जैसे A une Sérénité Crispée (1951) और L' Âge Cassant (1966) तो पूरी तरह सूक्तियों की शृंखलाओं का ही संग्रह हैं। उदाहरण के तौर पर उनकी कविता "A La Santé du Serpent"[45] (1945) तो क्रमवार सूक्तियों से ही बनी है। शार् की शुरू-शुरू की कृतियों में बहुत ज़्यादा संक्षिप्तता और अनोखे बिम्बों के कारण समझने में मुश्किल होती है लेकिन अतियथार्थवादी आन्दोलन से अलग होने के बाद की सूक्तियाँ और पद्य कविताएँ पहले की बनिस्बत सरल लगती हैं। इसके बावजूद कि शार् हर तरह से बहुत मुश्किल कवि हैं, वो प्रसिद्धि की उस उत्कृष्ट शिखर पर पहुँचे हुए हैं कि अब भय इस बात का है कि वो प्रतिष्ठित होकर रह जाएँगे। उन्हें समझने की कोशिश नहीं की जाएगी। मात्र उनकी वचनबद्धताओं और साहित्यिक संगतियों (alliances) की जानकारी उनकी काव्य विशिष्टता नहीं दर्शा सकती।

रने शार् के तकरीबन ६० साल के दौरान लिखी कविताओं में रद्दोबदल भी मिलता है और समरूपता भी, क्योंकि वो अपने सृष्टि उद्गमों से ऊपर उठते हुए भी उनके प्रति लगातार, दृष्टता से निष्ठ रहे। शार् आधुनिक फ्रांसीसी साहित्य में एक विशेष स्थान रखते हैं। वो एक साथ प्रातिनिधिक भी हैं और अद्वितीय

भी। प्रातिनिधिक, उस समय स्पष्ट रूप से चल रही पद्धतियों, जैसे नई और एकदम बन्धनमुक्त विधाओं और क्रियाओं के उपयोग में; और अद्वितीय, उनके शब्दों में हमारे इस "पूरी तरह टूटे हुए युग" (âge cassant) में कवि कर्तव्य फिर से निर्धारित करने के प्रयत्न में ज़्यादा सार्थक रूप से वो इस अर्थ में भी प्रातिनिधिक हैं कि उन्होंने भी उस शून्यता और अस्तित्वहीनता को महसूस किया जिसका ज़िक्र बाद्‌लेयर्[46] में मिलता है, जिसे पियर् जूव[47] (Pierre Jouve) ने 'दर्द भरा रसातल' कहा। इसके अलावा उन्होंने मीशो[48] के आन्तरिक विस्तार की भी छानबीन की। वस्तुतः बाद्‌लेयर्, जूव, और मीशो के विपरीत उन्होंने बाह्य विस्तार का गहरा अध्ययन किया। वो आन्तरिक और बाह्य विस्तार की जाँच और अध्ययन का सन्तुलन बनाए रखने में सफल रहे।

रने शार् को विश्व कविता जगत में जो स्थान प्राप्त है वह बीसवीं सदी के इतिहास का एक integral (समग्र) भाग है—अतियथार्थवादी आन्दोलन, विश्वयुद्ध, फ्रेंच रेज़िस्टैन्स, न्यूक्लियर युग का उदय। लेकिन उनकी कविताओं की गहराई और ताजापन avant-gard spirit या crisis या trend से आगे निकल जाता है। वास्तव में उनकी कविता चारों तरफ़ फैले भौतिक और मानव संसार के साथ एक काव्यात्मक और दार्शनिक संवाद है जो एक ऐसी भाषा की रचना करता है जो हर नए पृष्ठ के साथ अपने को पुनरुज्जीवित करती चलती है। वो अपने 'native' वाक्लूज़ में जिए, और वहाँ की मिट्‌टी और प्राकृतिक दृश्य से सोचना आरम्भ किया। वो इतिहास को उस सहज दृष्टि से देखते हैं जहाँ मानवीय घटनाओं के अवशेष प्रकृति के ऐहिक पटल पर मिल जाते हैं।

शार् एक ही विधा में लिखना पसन्द नहीं करते। उन्होंने मुख्य रूप से तीन विधाओं (forms) में कविताएँ लिखी हैं : मुक्त छन्द, गद्य कविता, और सूक्ति। वो अपनी पद्य कविताओं (Verse Poems) और गद्य कविताओं में उन्हीं विषयों को परिवर्द्धित करते हैं जिन्हें उन्होंने अपनी सूक्तियों में उठाया। इनमें कवि के कर्तव्यों की विवेचना के अलावा शामिल हैं, साहित्यिक सामान्य विषय, जैसे—मैत्री, प्रेम, शौर्य या साहस, सौन्दर्य और मृत्यु। वो इन शाश्वत

किन्तु सामान्य विषयों को बिना भावुक हुए कुशाग्रता से उनमें स्वभाव की उदारता और गहरी मानवीयता भरते हुए प्रस्तुत करते हैं।

शार् की कविताओं में निहित गहरी पारदर्शिता ने उस समय के जिन प्रतिभावान् विद्वानों और कलाकारों का ध्यान आकर्षित किया उनमें शामिल थे अल्बैर् कामू जो आजीवन उनके आत्मीय मित्र रहे, मार्टिन हाईदगर जो ख़ास उनसे मिलने जर्मनी से तीन बार वॉक्लूज़ आए, प्रतिष्ठित कलाकार ब्राक्, मतिस, पिकासो जिन्होंने उनकी कविताओं के Illustrated editions निकाले। शार् को जीवन भर अपने साथी लेखकों, कलाकारों और आलोचकों से सम्मान मिलता रहा। इतना जरूर है कि उनकी कविताओं की गूढ़ता और रहस्यमय प्रकृति के कारण उन्हें कवि के स्थान पर दार्शनिक ज़्यादा समझा जाने लगा। लेकिन शार् ने कई बार ख़ुद दावे के साथ कहा कि वे दर्शन पढ़ते जरूर हैं, ख़ासतौर से नीत्ज़े या हाईदगर का, लेकिन इससे वे दार्शनिक नहीं बन जाते, और यह कि वे अपनी कला को पूरी तरह समर्पित एक कवि हैं।

यह सच है कि शार् बहुत बड़े कवि थे और अपनी समस्त दुरूहता, विलक्षणता, सघनता के बावजूद आधुनिक फ्रेंच साहित्य में एक विशेष स्थान रखते हैं। लेकिन कुछ वास्तविकताओं को नकारा नहीं जा सकता, जैसे उनकी कल्पना सृष्टि में असंगतता। एक अमरीकी विवेचक ने तो उन्हें असंगति का कवि ही कह डाला है।[49] असंगतता का तत्त्व उनकी ज़्यादातर कविताओं में स्पष्ट देखा जा सकता है। उनकी कुछ विचार संगतियाँ, शब्द संयोजन, बिम्ब, कभी-कभी इतने दूरव्यापी और विस्मयजनक हो जाते हैं कि वह कविता एक सपने का भ्रम देने लगती है। प्रस्तुत संग्रह में 'पाणिग्रहण चेहरा'[50] शीर्षक कविता इस विलक्षण प्रवृत्ति का सुस्पष्ट उदाहरण है।

शार् की कविताओं का चाहे कोई भी विषय हो, और metaphorically चाहे वे कितनी भी सघन हों उनका सम्बन्ध हमेशा दुनिया में मनुष्य की स्थिति से होता है। वो किसी भी तरह की धार्मिक आस्था से मुक्त थे। उनकी कल्पना बहुत गहराई से मानवीय और नैतिक थी। प्रोवॉन्स में बीते उनके जीवन ने उनके मन में प्रकृति से जुड़े यथार्थ के प्रति गहरी श्रद्धा उत्पन्न कर दी थी : फूल, हरी घास, बेल, पत्ते, झाड़ियाँ, नदी-नाले, हवा और पानी के तरह-तरह के रुख, किसान और साधारण देहातियों की दिनचर्या। ग्रामीण क्षेत्रों की सादगी, जीवन के तौर-तरीक़े, और उनका जीवनक्रम उन्हें प्राचीन मानव

समाज से जोड़ते हैं और उन जीवन मूल्यों के ढाँचे की तरह काम करता है जिन्हें वो श्रेष्ठतम मानते थे। गाँव के ख़ानाबदोश लोगों पर लिखी छोटी सी कविता Transparents[51] पाठक के मन में वह विवेक पैदा करती है जिसकी पृष्ठभूमि में शार् ने अपना कवि संसार रचा। गौरैया[52] पर लिखी एक संक्षिप्त और सुन्दर कविता जीवन की स्वाभाविक स्वतंत्रता और सौन्दर्य में उनके दृढ़ विश्वास का परिचय देती है।

शार् के अनुसार कविता किसी भी हेतु या निमित्त के प्रति वचनबद्ध नहीं होती बशर्ते आप जीवन को ही वचनबद्धता का कारण या विषय न मान लें। शार् ने अपने अनुभव की समग्रता को सूक्ष्म से सूक्ष्म और संहित भाषा में अभिव्यक्त किया है। वो मानव जीवन को श्रेष्ठ मानते हैं उसकी पूरी सापेक्षता में, उन सभी आक्रमणों में जो उसने धोखे और अन्याय के विरुद्ध किए। उनके निर्भीक विचार उनकी कविताओं में तो जीवित हैं ही, उनके अपने उस व्यक्तित्व में भी बख़ूबी मौजूद हैं जो वो दुनिया के सामने पेश करते हैं—एक ऐसा साहसी साहित्यकार जिसकी नैतिक शक्ति, मेधा और ओजस्विता उनके लिखे हर पन्ने को अनुप्राणित करती है। शार् ने अपनी एक लोकप्रिय प्रसिद्ध कविता में कहा है कि, 'एक कवि को अपने मार्ग के 'निशान' छोड़ने चाहिए न कि 'सबूत'। निशान ही सपनों को जन्म देते हैं।'[53]

अपने प्रारम्भिक प्रकाशनों से लेकर अपनी आख़िरी किताब के प्रकाशन तक शार् इस धारणा के समर्थक रहे कि कला, साहित्य और संगीत पारस्परिक रूप से प्रतिरोध की आवश्यक अभिव्यक्ति में जुड़े हुए हैं जोकि व्यक्तियों की मानवीयता और समाज की नैतिकता को कायम रखने के लिए बहुत जरूरी है। रने शार् की विपुल साहित्यिक सृजन सामग्री में तीन कृतियाँ विशेष रूप से महत्त्वपूर्ण समझी जाती हैं, Feuillets d' Hypnos, Fureur et mystère, और Les Matinaux। इनमें Feuillets d' Hypnos उनका युद्ध रोज़नामचा है, Fureur et mystère प्रेम और प्रतिरोध, युद्ध और उत्पीड़न जैसे विरोधात्मक विषयों पर केन्द्रित है, और Les Matinaux निर्णायक रूप से शान्ति पर वापसी दर्शाती है।

रने शार् अपने आख़िरी दिनों में ल्यूबरों (Luberon) आ गए थे और वहीं हृदयगति रुक जाने से 1988 में उनका निधन हो गया।

अन्त में सिर्फ़ इतना ही कि शार् की कविताओं को पढ़ने, समझने और फ्रैंच में गढ़े उनके विचारों को हिन्दी में ढालने में मुझे जितना आनन्द आया है, उतना ही पढ़ने में आपको भी आ सकेगा।

Notes and References
(सन्दर्भ और टिप्पणियाँ)

1. Kedarnath Singh, **Mere Samay ke Shabda,** New Delhi, Radhakrishan Prakashan Pvt. Ltd. 1993
2. Ibid. p. 120
3. Ibid, p. 182
4. Ibid. p. 120
5. Ibid. p. 121
6. Provence—a region in the South of France rich in green landscapes and natural beauty.
7. Isle-sur-Sorgue, name of a city. Birthplace of Rene Char.
8. See p. 97
9. Vacluse
10. Isle-sur-Sorgue.
11. Sorgue river.
12. Woods of the Epte.
13. Ventoux mountain.
14. The chain of mountains, Montmirail.
15. Francisco Petrarch (1304-1374). Italian poet and humanist.
16. Robert Frost (1874-1963). American poet.
17. Heraclitus. Greek philosopher (576-480. BC).
18. Georges de la Tour (1593-1652) French Baroque painter.
19. Arthur Rimbaud (1854-1891).
20. Louis Aragon (1897-1982) French Surrealist poet.
21. Andre Breton (1896- 1966) French Surrealist poet.
22. Rene Crevel (1900-1935) French Surrealist writer.
23. Georges Braque (1882-1963) a major French painter.
24. Nicola de *Staël* (1914-1955) French painter of Russian origin
25. Alberto Giacometti (1901-1966) Swiss painter, sculptor.
26. Pablo Picasso (1881-1973) Spanish painter.
27. Alexandre galperine Painter, illustrator.
28. Wassily Kandisky (1866-1944) Russian painter and theorist.
29. Pablo Picasso (1881-1973) Spanish painter.

30. Georges Braque (1882-1963) a major French painter.
31. Joan Miró (1893-1983) Spanish painter, sculptor.
32. Henri Émile Benoît Matisse (1869-1954). French painter, sculptor.
33. Maria Helena *Vieira da Silva* (1908-1992) Portuguese abstractionist painter.
34. French Resistant movement during WW II.
35. *Céreste* a commune in the Alpes-de-Haute-Provence department.
36. *Nazi Occupation of France*
37. Nazi persecution.
38. Vichy Govt. The armistice divided France into occupied and unoccupied zones. Northern and Western France were occupied by the Germans, and remaining parts of the country were under French control headed by Gen. Petain stationed at Vishy.
39. Stéphane Mallarmé (1842-1898) French Symbolist poet.
40. See n. 17
41. Publius Terentius Afer (c. 195/185 – c. 159? BC), better known in English as Terence. Roman playwright during the Roman Republic of berber descent.
42. Friedrich Wilhelm *Nietzsche (1844-1900) German philosopher.*
43. Friedrich *Hölderlin* (1770-1843) German poet and philosopher.
44. *Martin Heidegger (*1889-1976) German philosopher.
45. See p. 50
46. Charles Baudelaire (1821-1867) French Symbolist poet.
47. Pierre Jean Jouve (1887-1976) French writer, novelist, and poet.
48. Henri Michaux (1899-1984) French poet.
49. Robert W. Greene, "Rene Char, Poet of Contradiction"in The Modern Language Review66:4 Oct 1971 pp 802-809.
50. See p. 38
51. See p. 75
52. See p. 52
53. 'Un poète doit laisser des traces de son passage, non des preuves. Seules les traces font rêver' in the poem, "Les compagnons dans le jardin."

आभार

रने शार् की प्रकाशित पुस्तकें मुश्किल से मिल पाती हैं, ख़ासतौर से हमारे देश में। इस विकट समस्या से मुझे उबारा अल्यांस फ्रोन्सेज़, दिल्ली की लाइब्रेरियन शरबानी राय ने, जिन्होंने बड़ी लगन से खोज कर शार् की कविताओं के कुछ महत्त्वपूर्ण संग्रह उपलबध करवाए, जिनमें दो दुर्लभ पुस्तकें भी शामिल हैं। जे.एन.यू. लाइब्रेरी में उपलब्ध कुछ और कविता संग्रह और शार् पर लिखी अध्ययन सामग्री मिल पाई, अनु त्रिवेदी और अश्विनी त्रिवेदी की सहायता से। ये पुस्तकें न मिल पातीं तो कविताओं का चयन कदापि सम्भव न था। इन सभी के प्रति हृदय से आभार।

अनुवाद करने के दौरान जब भी मैं शब्दों में उलझी फ्रेंच में मारियल मौरां और हिन्दी में आशा टिक्कीवाल का सहज सहयोग लगातार मिलता रहा। मैं विशेष रूप से कृतज्ञ हूँ मारियल मौरां की जो पेरिस में कार्यरत होने के बावजूद जरूरत होने पर तत्काल समय निकाल पाईं। कभी-कभार रने शार् द्वारा किए किसी शब्द के प्रयोग विशेष पर संशय हुआ तो प्रोफ़ेसर मेरी एन कौज़ (Professor Mary N. Caws) ने दुविधा दूर की। और विशेष आभार राकेश शर्मा के प्रति जिन्होंने अपनी सचित्त कार्यदक्षता से छोटी-छोटी किन्तु ढेरों टाइपिंग असावधानियों को मात्र दो दिनों में सुधारकर इस प्रति को महीनों के कष्टप्रद विलम्ब से उबारा।

इन सभी के प्रति हृदय से आभार।

उन्मत्त गुलाब

खोई-खोई आँख दर्पण शान्त
ज्यों ही मैं पास आता हूँ दूर होता चला जाता हूँ
झरोखे में तैरता हुआ

सिर से लगा सिर सब भूला हुआ
टकरा न जाए दिल से जब तक कंधा
उन्मत्त गुलाब
निःशेष और अनुभवातीत प्रेमियों का।

ज़ंजीर

सम्बन्धों का शानदार अंबार
विफलताओं के चक्रिल आकाश के तले
गली हुई नाव में ठंड
स्थिर साथियों से अस्थिर सहभागियों तक
भूपटल के नीचे मृत्युशय्याएँ
धरती की रिक्त गहराइयों में
गढ़ते हैं चाप पंखों की एक नई कड़ी
भाग्यवादियों के भूसे के ऊपर भीगे हुए पुष्टिकारों को

पूजती है प्रदीप्त जोत
सितारों के बुलबुले बह रहे हैं जगमग
नहीं ऐसा कोई अभाव जो रह जाए अपूर्णीय।

स्कूल छात्रा का साथ

मैं जानता हूँ अच्छी तरह कि रास्ते ज़्यादा तेज़ चलते हैं
स्कूल जाते लड़कों से
पीठ पर बँधे बस्ते
धुंध में फँसे दौड़ते हुए
जहाँ पतझड़ कर रहा हो झोंकों से तेज़ प्रहार
नहीं तुम्हारे प्रति कभी उदार
क्या देखा मैंने तुम्हें मुस्कुराते हुए
बेटी, मेरी बेटी मैं सिहर रहा हूँ तुम्हारे लिए

क्या तुम सतर्क नहीं हुईं तब
इस आवारा अजनबी से
उठाकर उसने अपनी टोपी ऊँची जब
पूछा था तुमसे अपना रास्ता
नहीं था तुम्हारे चेहरे पर चिह्न कोई आश्चर्य का
तुम खिंचे एक-दूसरे की तरफ़ ऐसे
गेहूँ की बाल की तरफ़ पॉपी के फूल* जैसे
नन्ही बेटी मैं सिहर रहा हूँ तुम्हारे लिए

वह फूल जो उसने दबा रखा था अपने दाँतों के बीच
गिरने दे सकता था वह

---

* खड़ी फ़सल के किनारे-किनारे बेहिसाब उग आते पॉपी (पोस्ता) के फूल।

अगर नाम बता देता अपना
डूबते को वापस पानी में गिराना
फिर एक दृढ़ अभिशप्त अनुमोदन
जो आएगा तुम्हारी नींद में बार-बार
उसके बहते ख़ून की झड़ियों के साथ
बेटी, मेरी बेटी मैं सिहर रहा हूँ तुम्हारे लिए

यह लड़का जब दूर चला जाएगा
पका चुकी होगी शाम तुम्हारे चेहरे को
यह लड़का जब दूर चला जाएगा
झुकी कमर, मस्तक नीचा और हाथ खाली
विलो* के नीचे तुम होगी व्याकुल खड़ी
ऐसी तो कभी न थीं तुम
क्या लौटा पाएगा तुम्हें वह सौन्दर्य तुम्हारा
बेटी, मेरी बेटी मैं सिहर रहा हूँ तुम्हारे लिए

वह फूल उसके मुँह से लटका हुआ
जानते हो छुपाए हुआ था क्या
बापू, एक ख़ालिस कुकृत्य किनारों पर मक्खियों से घिरा
मैंने ढका हुआ था उसे अपनी करुणा से
फिर भी उसकी आँखों में था वही निश्चय
जो मैंने भी किया है अपने आप से
मैं दीवानी हूँ मैं अल्हड़ हूँ
आप मेरे बापू आप बदल रहे हैं।

---

* विलो वृक्ष (बेंत का वृक्ष)

बरख़ास्त स्कूल टीचर

अपनी मूढ़ता के लिए जाने जाने वाले तीन महानुभाव तरह-तरह की सरस सूक्तियाँ लिये (माचिस है, माफ़ करें, क्या बजा है, अगला शहर कितने मील दूर है) एक मामूली देहात में एक दूसरे से मिले और एक ऐसी बातचीत में मशगूल हो गए जिसकी प्रतिध्वनि हम तक कभी नहीं पहुँच पाएगी। आपके सामने बीस एकड़ का खेत है जिसका मैं मज़दूर हूँ, इसका गुप्त लहू और विपातक पत्थर। आपके सोचने-विचारने के लिए मैं कुछ नहीं छोड़ रहा।

लास्नैर् का हाथ *

वाग्मिता की दुनियाएँ खो गई हैं।

* Pierre Francois Lacenaire (1803–1836) was a French murderer and would be poet. He fiercely defended his crime as a valid protest against social injustice. He made a lasting impression upon French society and several world writers such as Balzac and Dostoevsky. This one line poem has been translated by most of his major translators. It was rendered in English by the American poet Paul Auster.

Lacenaire was executed on the guillotine at the age of 32. His hand was severed after death and was the subject of a poem by Theophile Gautier.

He is depicted as a loner and rebel in the film, "Children of the Paradise." In the year 1990 a film was made on his life called, "Lacenaire."

द्रष्टा और स्वप्नदर्शी

*मॉरिश ब्लौंशो * के लिए*

यायावरों में फिर से शामिल होने से पहले
प्रलोभक आग लगा देते हैं पेट्रोल के खम्भों में
फ़सल को नाटकीय बना देने के लिए

कल शुरू होगा काव्य परिश्रम
स्वैच्छिक मृत्यु के दौर से पहले
अँधेरे के आधिपत्य ने चलता किया विवेक को हीरा खान में

माँएँ आख़िरी आह के हिमायतियों से मोहित असंयत माँएँ
बराबर टोंचतीं स्थूल हृदय को
गुज़र जाती हैं ऊपर से तुम्हारे अस्पष्ट फर्न की सुगन्धित रानें
तुम परास्त हो जाओगे
तुम सोने चले जाओगे

अकेले नदी निहारती खिड़कियों पर
भव्य चमकते चेहरे
सपना देखते हैं कि उनके मांसभक्षी भूदृश्य में
कुछ भी नहीं है नश्वर।

---

* Maurice Blanchot (1907-2003) फ्रेंच लेखक, दार्शनिक और सिद्धान्तकार। उनके लेखन ने बहुत से कवि, आलोचकों और लेखकों को प्रभावित किया।

चार अवस्थाएँ*

II

मैंने गला घोंट दिया
अपने भाई का
क्योंकि उसे पसन्द न था सोना
खिड़की खोल कर

मेरी बहन
उसने कहा था मरने से पहले
मैंने पूरी-पूरी रातें निकाली हैं
तुझे सोते देखकर
खिड़की के काँच में तेरी आभा पर झुके-झुके।

---

* कविता की चार अवस्थाओं में से अवस्था II ही चुनी है।

कूरबे* : पत्थर तोड़ते मज़दूर

बालू पयाल का जीवन मधुर होता है शराब उसे तोड़ नहीं पाती
दरबों से वे इकट्ठे कर लेते हैं कोमल पंख
छलकते जलप्रपात से पाते हैं उत्सुक जीब
रोक लेते हैं चलती लड़कियों को नंगे पैर
अँगूठे उनके कुचलते तितलियों के कोंपल
दर्द भरा लहू बहता हुआ उनकी आत्मकथा की बेफिक्री में

हम ग्रस लेते हैं पत्थरों से धूसर आग के नाशक तत्व
गाँव में जब वे साजिश रचते हैं
आदमियों के लिए अब भी सबसे बढ़िया जगह है टूटी सड़कें
वहाँ पहुँचा देती है गोधूलि बेला की हवा बगीचे के टमाटर
हमारी औरतों की अगली डाह के विस्मरण के साथ
और प्यास की टीस घुटनों में दर्द करती हुई

बेटों इस रात हमारी मेहनत की मिट्टी
दिखाई देगी आसमान में
पहले ही तेल फिर चढ़ने लगा है सीसे से।

---

* The stone Breakers was a 1849 painting by the French realist painter Gustave Courbet (1819-1877)

मैं एक दर्द में जीता हूँ

मत छोड़ो अपने दिल को सँभालने की जिम्मेदारी
शरत् ऋतु से जुड़े लाड़-प्यार पर जिनसे अपना लेते हैं वे
उसकी मन्थर चाल और उसकी शालीन वेदना,
आँखों पर अकाल झुर्रियाँ। दुख को आते हैं
बहुत कम शब्द। तुम्हें पसन्द है बिना बोझ के सोना : तुम
देखोगे सपना अगले दिन का और तुम्हें तुम्हारा बिस्तर लगने लगेगा हल्का।
तुम देखोगे सपना कि तुम्हारे घर में शीशे नहीं हैं। तुम हो जाओगे
अधीर हवा में विलीन हो जाने के लिए, वह हवा जो पार कर लेती है
एक साल एक रात में। दूसरे गायेंगे मधुर
संयोजन, माँस जो नहीं करता मानवीकरण
रेत घड़ी के जादू-टोने से ज़्यादा। तुम करोगे निन्दा
कृतज्ञता की जो ख़ुद को दोहराता है। बाद में तुम्हें पहचाना जाएगा
असम्भव के स्वामी खंड-खंड हुए किसी दैत्य के रूप में।
फिर भी।

तुम सिर्फ़ बढ़ाओगे अपनी रात का भार।
तुम लौटे जैसे दीवारों पर मछली जैसे कैनिक्यूल*
बिना ताप का। क्रोधित हो तुम अपने प्यार पर
संत्रस्त हुई सहमति के बीच। सोचो तनिक उस
उम्दा घर के बारे में जिसमें ऊपर तुम कभी नहीं चढ़ पाओगे। कब
होगी रसातल की फ़सल? लेकिन तुमने तो फोड़ दी हैं आँखें

---

* 'Canicule' means a heat wave.

शेर की। तुम समझते हो तुमने देखा सौन्दर्य पार करता
काले लेवैण्डर...

क्या खींच रहा है तुम्हें ऊपर को, फिर एक बार थोड़ा
और ऊँचा, बिना तुम्हें विश्वास दिलाए?
नहीं है कहीं कोई शुद्ध स्थान।

वोज* के छप्पर

सौन्दर्य, मेरा सब कुछ, इतने सकड़े रास्तों से,
बत्तियों और बन्द साहस के पड़ावों पर,
मैं ख़ुद को बर्फ़ बना लूँ और तू हो मेरी पत्नी दिसम्बर की।
मेरा जीवन का भविष्य, वह है तेरा चेहरा जब तू सोती है।

---

* Vosges, also called Vosges mountains are a range of low mountains in eastern France near its border with Germany.
वोज–पूर्वी फ्रांस में जर्मनी से लगे हुए क्षेत्र में एक खूबसूरत पर्वत शृंखला का नाम।

देहरी

जब आदमी का बाँध ढहा, दैत्याकार दरार में, ईश्वर को तज देने से, फँस जाने के कारण, शब्द दूर अन्तराल में, उन शब्दों ने जो मिट जाना नहीं चाहते थे, इस अतिशय धक्के को रोकने की कोशिश की। यहीं से उनके अर्थ का वंश निर्धारित हुआ।

मैं इस जलप्लावित रात के अन्त तक भागता चला आया हूँ। कँपकँपाती सुबह में जमे हुए, मेरी पेटी ऋतुओं से भरी हुई, मैं तुम्हारा इंतजार कर रहा हूँ, ओ मेरे दोस्तो जो आने वाले हो। मैं, पहले ही, क्षितिज के अन्धकार में तुम्हें महसूस कर रहा हूँ। मेरे हार्थ* की गर्माई तुम्हारे घरों को शुभकामनाएँ देने में कभी थकती नहीं। और मेरी सरु** की टहनी तुम्हारे लिए दिल खोलकर हँस रही है।

---

* Hearth, कमरा गर्म करने के लिए अन्दर बनी अँगीठी।

** Cypress. साइप्रस का पौध मृत्यु का प्रतीक होता है।

इवाद्ने*

गर्मी और हमारा जीवन एक खंड थे
देहाती क्षेत्र तुम्हारे खुशबूदार स्कर्ट का रंग निगल गया
तृष्णा और संयम में समझौता हो चुका था
मोबैक** किला मिट्टी में जमने लगा था
जल्द उसकी सारंगी का लुढ़कना रुक जाएगा
पौधों का वेग हमें ढुलमुल कर रहा था
फ्लीट*** से भटका एक धूसर खेवैया कौवा
कटती दोपहर के सख़्त पत्थर पर
नाजुक चाल से हमारी आपसी समझ का साथ देता रहा
हँसिया सब जगह रुक चुकी होगी
हमारी विरलता ने एक स्वामित्व शुरू किया
(निद्राहीन हवा हमारी पलकों पर झुर्रियाँ डालते हुए
हर रात को सम्मत पन्ने में बदलते हुए
चाहती है कि तुम्हारा वह हर हिस्सा जो मैं अपने पास रख लूँ
फैल जाए भूखे समय के क्षेत्र और वृहत रिसने में)

यह ऐसा था आराध्य सालों की शुरुआत में
ज़मीन हमें थोड़ा-थोड़ा प्यार करती थी मुझे याद है।

---

* ईव और एदम से जन्मी।
** Maubec. प्रोवॉन्स प्रदेश में एक कस्बा।
*** युद्धपोतों का बेड़ा।

पुनःश्च

दूर हो जाओ मुझसे जो खड़े रहते हो मुँह नहीं खोलते;
तुम्हारे पैरों में मैं पैदा हुआ पर तुमने मुझे खो दिया;
बहुत बारीकी से मेरी लपटों ने बतलाया अपना साम्राज्य;
मेरा ख़ज़ाना डूब गया टकराकर तुम्हारी तख़्ती से।

वह रेगिस्तान जहाँ एक अकेले तीज़ौं* ने लिया आश्रय
न पुकारा मुझे कभी न कभी लौटा मेरे पास।

दूर हो जाओ मुझसे जो खड़े रहते हो मुँह नहीं खोलते :
भावावेग का क्लोवर** हो जाता है लोहा मेरे हाथ में।

हवा की स्तब्धता में जहाँ खुलती हैं मेरी राहें,
समय सँवार देगा मेरा चेहरा धीरे-धीरे,
जैसे एक लक्ष्यहीन घोड़ा अपनी कष्टजनक जुताई में।

---

* tison. फ्रांसीसी शब्द ज्वलन्त काष्ठ खंड के लिए।

** तिपतिया। क्लोवर को विश्वास और आशा का प्रतीक समझा जाता है।

पाणिग्रहणीय चेहरा

एस्कॉर्ट* को अब चले जाने दो, दूर खड़े रहने के लिए;
संख्याओं का मिठास ख़त्म हो गया है अभी-अभी।
तुम्हें छुट्टी है मेरे साथियों, मेरे योद्धाओं, मेरे मुखबिरों।
सब कुछ तुम्हें परे खींच रहा है, ख़ुशामदी शोक।
मुझे प्यार हो गया है।

झरने से एक दिन बहने के बाद पानी भारी हो गया है।
किरमिज़ी पत्तियाँ तुम्हारे मस्तक की तरफ अपनी
धीमी चलती डालियों को पार कर रही हैं, देकर आश्वासन विस्तार पुनः।
और मैं तुम्हारी तरह,
फूल में पयाल लिए तुम्हारा नाम पुकारता आसमान के किनारे,
मैं मिटा देता हूँ सब अवशेष,
आहत, प्रांजलता में सबल।

भाप के छल्ले, बहुत सारे सुनम्य, डर विभाजक छू रहे हैं मेरे नवजीवन को।
मेरी मियाद की आड़, मैं त्याग रहा हूँ अपनी मामूली चौड़ाई की राहत को;
मैं विश्रामगृह के दीवार की लकड़ी हूँ, मैं निष्कासन
करता हूँ जीते बचे हुओं के शुरू-शुरू के फलों का।
घूमते-फिरते एकाकीपन से जलता हुआ,
मैं आह्वान करता हूँ उसकी उपस्थिति की छाया में तैरने का।

---

* अनुरक्षक। रक्षा के लिए साथ रहने वाला।

वीरान शरीर, अपने को जोड़ने का विरोधी, कल तीखा बोलता हुआ लौटा था।
मना कर दो मत बदलो अपनी मति, गिरा दो अपनी आशंकाओं का डंडा,
कड़वी नींद।
धसकन घटा देती है निर्वासन तुम्हारी हड्डियों का, तुम्हारी तलवारबाज़ी का;
चुस्त कर रहे हो तुम उस बंधन को जो तोड़ देता है कमर;
उपहास रात का, रोको इस मनहूस ढुलाई को
अत्याचारी आवाज़ों के, पत्थर बरसते प्रस्तानों के।

बनावटी आघातों के प्रवाह से जल्द घटाई हुई
(गरुड़ गैंती फैलता ख़ून ऊपर ऊँचा उछालती है)
मैं ले गया अपनी रियायतों को प्रस्तुत नियति के पार
एक आसमानी बहुवाल्ब वाले ग्रेनाइट मतभेद की तरफ़।

ओ मेहराब उत्प्रवाह का उसके उदर के किरीट पर,
बुदबुदाहट प्रकाशहीन दहेज की!
ओ क्लान्त गति उसकी भाषा की!
ईशु राह दिखा ज़िद्दियों को कि वे अपना आधार पा सकें,
विश्वास योग्य बादाम आने वाले कल के लिए।
शाम ने अपना कॉरसेयर* ज़ख़्म बन्द कर दिया है
जहाँ रॉकेट चल रहे थे लगातार निरुद्देश्य कुत्तों के डर के बीच लगातार।
हट गया है अब मातम का अबरक तुम्हारे चेहरे से।

अतृप्य शीशा** : पहले से ही लबालब थी मेरी साँस तुम्हारे घाव की दोस्ती में,
सशस्त्र करते हुए तुम्हारे स्वामित्व को।
और कोहरे के होंठों से ढला हमारा उल्लास, टीले की देहरी पर, स्टील की
छत पर।
अन्तरात्मा ने बढ़ा दिया तुम्हारी कँपकँपाती शाश्वतता का परिधान;
वफादार सहजता फैल गई हर जगह पर।

---

* समुद्री डाकू या दस्युपोत।

** खिड़की के।

स्वर प्रभात-घोष का, निष्क्रिय काल तड़के उगे तारे का,
मैं दौड़ा अपनी कमान के छोर तक, शिलीभूत कॉलिसियम*।
देर तक गले लगाया अनाज के परिणेया बालों को :
पिंजक, हठधर्मी हमारी पहुँचों ने तुम्हें झुका लिया।
बहुत निन्दा की परिणेया आभासों के आश्रय की :
मैं पहुँच गया एक संगठित वापसी की तह में।

झरनों, पथरीले निर्जीवों की साँस
तुम जो चलते हो सूखे आकाश के पीछे-पीछे
मिला दो अपना चलते रहना उसकी आँधियों में जानता है जो पलायनों को स्वस्थ करना,
टकराते हुए तुम्हारे स्वास्थ्यप्रद अध्ययनों के विपरीत।
छत के केन्द्र में रोटी का दम घुट जाता है रोटी का हृदय और प्रकाश को ढोते-ढोते।
पकड़ो मेरे चिन्तन, यह फूल मेरे वेधनीय हाथ से,
महसूस करो सचेत हो जाना निस्तेज उद्यान का।

मैं नहीं देखूँगा तेरी करवटें, वे झुंड भूख के, सुखा ले उन्हें, भर ले झाड़ियों से;
मैं नहीं देखूँगा ले लें तेरी जगह ग्लास हाउस** में कुकुरमुत्ते;
मैं नहीं देखूँगा चारणों का आ जाना नए उगते दिनों को परेशान करने;
मैं नहीं देखूँगा हमारी स्वतंत्रता की संतति हो जाए चापलूस आत्मनिर्भरता में।

काईमेराओं***, हम ऊँची ज़मीन पर चढ़ गए हैं।
काँप रहा है चकमक पत्थर अन्तरिक्ष के लता-अकुरों के नीचे;
शब्द, धक्के-मुक्कों क्लान्त से पी रहा है पानी दैविक घाट पर।

---

* रोम का अखाड़ा।

** कोमल पौधों को उगाने के लिए काँच का घर।

*** Chimera. ग्रीस की दन्तकथाओं में अद्‌भुताकार दैत्य जिसका सिर शेर का, धड़ बकरे का, और पूँछ साँप की दिखाई जाती है।

नहीं कोई जंगली अवशेष :
सड़कों का क्षितिज छलकती ओस तक
अन्तरंग निष्पादन अपूर्णीय का।

यह रही रेत मरी हुई, यह शव बचाया हुआ :
औरत ले रही है साँस, आदमी सीधा खड़ा हुआ।

सम्प्रेषण

जाओ।
नाक्षत्रिक कुदाली
बहुत पहले से वहाँ फँसी हुई।
आज शाम चिड़ियों का एक वृन्द बहुत ऊँचाई पर
उल्लास करता उड़ता चला जाता है।

सुनो पथरीले मन्दिरों के पास
बिखरी हुई मौजूदगियों की आवाज़
जो कर दे तुम्हारी नींद को
गर्म सितम्बर के पेड़ की तरह।

देखो चलना अन्तर्ग्रथित निश्चितताओं का
जिन्होंने हासिल किया अपना सार तत्त्व
हमारे दृढ़ विश्वासों के समीप,
ओ मेरे विदर, मेरी उत्कंठित प्यास!

जीने की दृढ़ता टोह लगाती घूमती रहती है
निर्वास की आकांक्षा में अविरत।
बादाम की बारिश की एक पतली झड़ी के सहारे,
जुड़ी विनेय स्वतंत्रता में,
तुम्हारी संरक्षक कीमिया से उत्पन्न,
ओ मेरी प्रियतमा!

उपच्छाया

मैं एक ऐसे जंगल में था जहाँ सूरज नहीं निकलता, लेकिन जहाँ रात में, तारे घुस आते हैं। यह जगह सिर्फ़ इसलिए अस्तित्व में थी क्योंकि राज्य के जाँच न्यायालय का ध्यान इस पर नहीं गया था। पराधीनता पर इस छूट से मुझे उनकी उपेक्षा का अन्दाज़ा लगा। दंड देने का सम्मोह मुझसे छीन लिया गया था। जहाँ-तहाँ ज़ोर-ज़बर्दस्ती की याद घास के देहाती फ्यूग* को दुलार रही थी। मैंने अपने आपको बिना किसी सिद्धान्त के, एक स्थिर आवेग से नियंत्रित किया। मैं उन वस्तुओं की तरह था जिनका रहस्य एक डैने की चमक के नीचे चिपका होता है। अधिकांश के लिए विशिष्टता होती ही नहीं, और वे जिनके पास यह होती है, बिना अपने-आपको नुकसान पहुँचाए इसकी अदला-बदली नहीं कर सकते। कोई भी वह छोड़ने को तैयार नहीं होता जो उसने कड़ी मेहनत से हासिल किया है। नहीं तो यौवन और शालीनता, झरने और दहाने में एक सी शुद्धता होती।

मैं एक ऐसे जंगल में था जहाँ सूरज नहीं निकलता, लेकिन जहाँ रात में तारे घुस आते हैं लगातार लड़ाई-झगड़े के लिए।

---

* फ्यूग = स्वर संगीतयुक्त पद।

''उन्हें वापस दे दो...''

उन्हें वह वापस दे दो जो अब उनमें उपलब्ध नहीं है,
वे फिर से देख पाएँगे डंठल में बन्द फ़सल
का धान घास पर लहराते हुए।
उन्हें सिखा दो अवपात से ऊँचाई तक, उनके
चेहरे के बारह महीने,
वे अपनी निस्सारता को सँजोए रखेंगे
अपने हृदय की अगली एषणा तक;
क्योंकि राख में कोई विनाश नहीं होता
न ही आह्लाद;
और उसके लिए जो ज़मीन का अन्त
फलते-फूलते देखता है,
विफलता कोई मायने नहीं रखती चाहे
सब कुछ खो जाए।

तर्क

बिना अज्ञात को सामने रखे कैसे जीएँ?

क्योंकि आज के वे लोग जो यह चाहते हैं कि कविता उनके जीवन का प्रतिरूप हो, उतने ही छोटे अनुचिन्तन में रची हुई, उतने ही छोटे अन्तराल की, और असहिष्णुता में जली हुई।

उनके लिए अब सर्वोत्कृष्ट तरीक़े से काम करना वैकल्पिक नहीं रहा। अपने साथियों द्वारा ख़ुद को नष्ट करने की विनाशक तन्मयता में, उनका निष्क्रिय धन-दौलत उन्हें रोक लेता है, उन्हें जकड़ लेता है बेड़ियों में। आज के लोग शक्तिहीन, शिथिल हुई अन्तर्प्रेरणा के बावजूद अपने को जीवित रखते हैं अपने नाम की मिट्टी तक को।

औचित्य के आह्वान और स्मरण की व्यथा में जन्मी कविता धूल-मिट्टी और सितारों के अपने उद्गम से ऊपर उठते हुए, लगभग निःशब्द प्रमाणित करेगी कि इसमें ऐसा कुछ भी समाविष्ट नहीं था जो वास्तव में कहीं न रहा हो, इस विद्रोही और निःसंग विरोधों की दुनिया में।

श्रद्धांजलि और अकाल

औरत जो कवि के मुँह से तुम्हें देती है यह अविक्षुब्ध कछार का वेग प्रवाह, जिसने उसे सिखाया, जब वह आतुर भेड़िये का मात्र एक बन्दी कण था, तुम्हारे नाम से चमकाई गई ऊँची दीवारों की नरमाई (एकड़ों भूमि पेरिस की, सौन्दर्य की आँतें, तुम्हारे स्वरसंगति के कपड़ों में भड़कती मेरी आग), औरत जो सोती है फूलों के पराग में, उसके दर्प के ऊपर असीमित माध्यम का तुषार आहिस्ता से रखती है, ताकि वह हड्डियों का गुल्म बन जाने तक बना रहे वह आदमी जो तुम्हें बेहतर चाहने के लिए तुम्हारे अन्दर अपने जन्म का बिगुल, तुम्हारे अन्दर अविरत सरकाता जाता है अपने जन्म का बिगुल, अपने दर्द की मुट्ठी, अपनी जीत का क्षितिज।

(रात हो गई। हमें आँसुओं के विशाल शाहबलूत के नीचे सरका दिया गया। झींगुर झंकारने लगा। एकान्तवासी उसे कैसे पता चला कि पृथ्वी मरने वाली नहीं है, कि हम प्रांजलताहीन बच्चे बहुत जल्द बोलने लगेंगे?)

जय हो!

यह देश आत्मा की केवल एक चाह है, एक प्रति समाधि।

मेरे देश में बसन्त के कल्ले और बदरंग गौरैयाँ ज़्यादा पसन्द की जाती हैं बनिस्बत ऊँचे आदर्शों के।

सचाई मोमबत्ती की बगल में इन्तज़ार करती है सुबह का। खिड़की के शीशे की कोई परवा नहीं करता। इस पर किसी का ध्यान तक नहीं जाता।

मेरे देश में दुखी व्यक्ति से सवाल नहीं किए जाते।

उल्टी पड़ी नाव पर कोई हानिकर छाया नहीं होती।

उदासीन नमस्कार अज्ञात है मेरे देश में।

हम उधार वही लेते हैं जो बढ़ाकर लौटाया जा सके।

बहुत पत्तियाँ हैं, बहुत-सी पत्तियाँ हैं मेरे देश के पेड़ों पर। डालें स्वतंत्र हैं न फलने के लिए।

हम विजेता की सद्‌भावना पर विश्वास नहीं करते।

मेरे देश में, हम कहते हैं धन्यवाद।

इनकार का गीत

तरफ़दारी की शुरुआत

कवि पिता के अनस्तित्व में लौट आया है एक लम्बी अवधि के लिए। उसे आवाज़ मत दो, आप सब जो उसे चाहते हो। अगर आपको ऐसा लगता है कि अबाबील के पंख में अब ज़मीन पर दर्पण नहीं रहा, भुला दो इस ख़ुशी को। वह जिसने दर्द को रोटी में बदला दिखाई नहीं पड़ता अपने दमकते आलस्य में।

आह! सत्य और सौन्दर्य लिबरेशन* के साल्वोओं** पर आपकी असंख्य *उपस्थितियाँ* सुरक्षित करें!

---

* Liberation = द्वितीय महायुद्ध के बाद जर्मनी के क़ब्ज़े से फ्रांस की मुक्ति को लिबरेशन कहा जाता है।

** बड़े उत्सव के सम्मान में एक साथ तोपों का दगना।

गेहूँ के स्फटिक बाल का जड़ी-बूटियों में अपनी पारदर्शी फ़सल गिराना

नगर तबाह नहीं हुआ था। भारहीन हुए कमरे में मुक्ति प्रदान करने वाले ने अपनी प्रेयसी को अपने शरीर के अतिशय प्रयासों से ढक दिया, जैसे दिन में द्रव सृजन। कामना ने अपनी कीमियागिरी से उनके हाल के रुझान को उस सुबह की समष्टि के लिए आवश्यक बना दिया। उनसे बहुत पीछे उनकी माँ अब और उन्हें धोखा नहीं दे पाएँगी। उनकी इतनी अचल माँ। अब वे अपने भविष्य के देश से आगे हो गए जिसमें सिर्फ़ उनके मुँह का, जिसमें गीत ने अभी-अभी जन्म लिया था, बाण था। उनकी तृष्णा को अपना लक्ष्य तुरन्त मिल गया। उस पल को उन्होंने वह सर्वव्यापकता प्रदान की जिसमें कोई प्रश्न नहीं पूछा जा सकता था।

उसने उन्हें बताया कि कैसे पहले वह इन उत्पीड़ित किए जंगलों में एक मौक़ा देने के लिए जानवरों को बुलाया करता था, कैसे नज़रबन्द पर्वतों के प्रति उसकी शपथ ने उसे अपनी उदाहरणीय नियति से परिचित करवाया था, और उसे किस छिपे कसाई को जीतना पड़ा था, अपनी आँखों में अपने संगी-साथियों की सहिष्णुता प्राप्त करने से पहले।

भारहीन हुए कमरे में और धीरे-धीरे सफ़र के बड़े-बड़े विस्तार खोलते हुए मुक्ति प्रदान करने वाले ने अपने आपको अदृश्य होने के लिए तैयार कर लिया, बाक़ी जन्मों में मिल जाने के लिए, फिर एक बार।

साँप के स्वास्थ्य के प्रति

I

मैं नवजात शिशु के चेहरे की उष्मा का
गान करता हूँ, हताश उष्मा।

II

अब रोटी की बारी है आदमी को तोड़ने की, पौ
फटने की शोभा बन जाने के लिए।

III

वह जिसे सूरजमुखी में आस्था है, घर में मनन नहीं करेगा। प्रेम के सब विचार उसके विचार बन जाएँगे।

IV

अबाबील की उड़ान से एक आँधी पूछताछ करती है, एक बग़ीचा बन जाता है।

V

पानी की वह एक बूँद हमेशा होगी जो सूरज से ज़्यादा देर ठहरेगी बिना सूरज को निस्तेज किए।

VI

वह सामने लाओ जिसे ज्ञान गुप्त रखना चाहता हो, ज्ञान जिसके सैकड़ों गलियारे होते हैं।

VII

वह जो दुनिया में आता है कुछ भी पीछे न छोड़ जाने के लिए, न आदर का पात्र है, न सहनशीलता का।

VIII

यह कमज़ोरी आदमी की कब तक रहेगी, कि सृष्टि में होता आदमी मरता रहे क्योंकि सृष्टि ने उसे ठुकरा दिया।

IX

हर घर एक मौसम था। शहर इसी तरह परिक्रमण करता रहा। सारे निवासियों को साथ-साथ अहसास हुआ सिर्फ़ सर्दी का, बावजूद बदन में गर्मी लगने और दिन देर तक न छिपने के।

X

तुम अपने अस्तित्व में निरन्तर एक कवि हो, निरन्तर अपने प्यार की पराकाष्ठा पर, निरन्तर सत्य और न्याय के लिए व्यग्र, निरन्तर यह एक अनिवार्य अनिष्ट है कि तुम अनवरत उपस्थित नहीं रह सकते अपनी अन्तरात्मा में।

XI

तुम आत्मा का वह बना दोगे जिसका अस्तित्व न होता हो, आत्मा से बेहतर आदमी।

XII

देखो वह प्रकाश साहस का जिसमें तुम्हारा देश निमग्न है; वह आनन्द जो कब से तुम से दूर भागता रहा।

XIII

ऐसे बहुत से हैं जो इन्तज़ार करते हैं कि चट्टान ख़ुद उन्हें ऊपर उठा ले, मंज़िल उनके ऊपर से कूद कर सामने आ जाए, ताकि वे अपना मार्ग निर्दिष्ट कर सकें।

XIV

कृतज्ञ उसके प्रति होओ जो तुम्हारे अनुताप पर ध्यान नहीं देता। तुम उसके बराबर हो।

XV

आँसू अपने हमदर्द का तिरस्कार करते हैं।

XVI

वहाँ गहराई प्रमेय रहती है जहाँ रेत प्रारब्ध को अपने अधीन कर ले।

XVII

मेरे प्यार, कोई ख़ास बात नहीं है कि मैं पैदा हुआ : तुम वहाँ दिखने लगते हो जहाँ मैं अदृश्य होता हूँ।

XVIII

काश कि मैं चल पाता बिना चिड़िया को धोखा दिए, पेड़ के बीच में से फल के परमानन्द तक।

XIX

जो तुम्हारा स्वागत आनन्द के परे से करता है वह स्मृति का सिर्फ़ स्वार्थी आभार है। जो उपस्थिति तुमने पसन्द की है उसमें विदाई नहीं हुआ करती।

XX

मत झुको सिवाय प्यार के लिए। अगर मर भी गए तो प्यार करते रहोगे।

XXI

वह अँधेरा जिसमें तुमने अपने आपको डुबो रखा है तुम्हारी उदीयमान प्रभुता की कामुकता से नियमित होता है।

XXII

उन पर ध्यान मत दो जिनकी आँखों में इनसान पृथ्वी की उत्पीड़ित कमर पर सिर्फ़ रंग की एक छटा है। उन्हें अपना लम्बा प्रतिवाद बेरोक बोलने दो। पोकर* की स्याही और बादल की लाली एक ही होते हैं।

XXIII

एक कवि के लिए मेमने को रहस्यमय बना देना, उसके लोम से अपने आपको ढकना अयोग्य है।

XXIV

हम अगर बिजली की कौंध में जीएँ, वह अनन्त का केन्द्र है।

XXV

आँखें जिन्होंने दिन की संरचना करना चाहा था, वायु को जगा दिया, मैं तुम्हारे लिए क्या कर सकता हूँ, मैं विस्मृति हूँ।

XXVI

सब मुक्त धाराओं में सिर्फ़ कविता वह एक है जो अपने पुलों को प्रतिबिम्बित करने के लिए सबसे कम धीमी होती है।

कविता, पुनर्योग्यता प्राप्त मनुष्य के अन्तरतम में जीवन का भविष्य।

XXVII

एक गुलाब ताकि बारिश हो जाए। अनगिनत वर्षों के अन्त में यही तुम्हारी इच्छा है।

---

* अंगार शलाका; वह सींक जिससे आग कुरेदी जाती है।

स्वतंत्रता

वह इस सफ़ेद रेखा के सहारे-सहारे आई अरुणोदय का उद्‌गमन व्यक्त करते हुए उतना ही गोधूलि का शमादान भी।

उसने यांत्रक तट पार किए, उसने क्षीण शिखर पार किए।

अन्त करते हुए कायर के चेहरे से परित्याग, झूठ की पुण्यता, जल्लाद की मदिरा।

उसका वचन एक अन्धा मेष नहीं था बल्कि एक कैनवस जिसमें खुदी थी मेरी साँस।

एक अनिश्चित चाल से, सिर्फ़ अनुपस्थिति के पीछे-पीछे वह आई, घाव पर हंस, इस सफ़ेद रेखा के सहारे-सहारे।

शार्क और मुर्गाबी*

आख़िरकार मैं अब समुद्र को उसके तिहरे सामंजस्य में देख सकता हूँ। समुद्र जो अपनी अर्द्धमंडलाकार पत्ती से असंगत विषादों के वंश को काट देता है, वन्य पक्षियों का बड़ा चिड़ियाघर, हरिणपदी बेल जैसा असंदेही समुद्र।

जब मैं कहता हूँ : *मैंने क़ानून हटा दिया है, मैं नैतिकता से ऊपर हूँ,* मैंने अपने दिल को कवच पहना लिया है, वह इसलिए नहीं कि मैं अपने आपको शून्यतामापक, जिसकी भिनभिनाहट अपनी खजूर की शाखा को मेरी धारणा से आगे फैला देती है, ठीक साबित करना चाहता हूँ। लेकिन उसमें से जिसने मुझे अब तक जीते और काम करते देखा है, अब मेरे आसपास शहादत देने को कुछ भी मौजूद नहीं है। मेरा कन्धा झपकी ले सकता है, मेरा यौवन दौड़कर आ सकता है। सिर्फ़ उस ही में से अव्यवहित और कारगर सम्पदा निकाली जानी चाहिए। इस तरह, साल में एक दिन जो समुद्री झाग में अपने अचम्भों की खान खोदता है, एक दिन जो आँखों तक चढ़ जाता है दोपहर को ताज पहनाने के लिए। कल कुलीनता निर्जन थी, डाल अपनी कलियों से दूर पड़ी थी। शार्क और मुर्गाबी बात नहीं कर पाईं।

ओ, इस चमकाने वाले तट के इन्द्रधनुष, जहाज़ को उसकी उत्कंठा के निकट ले आओ। हर सम्भावित अन्त एक नई निर्दोषिता हो, एक उत्तेजित क़दम आगे, उनके लिए जो सुबह के भारीपन में गिरते-पड़ते रहते हैं।

---

* झिल्लीदार पैर और लम्बे पंख वाला समुद्री पक्षी जो उड़ता है और पानी पर तैरता भी है।

पहले-पहले पल

हम अपने सामने पानी को बहकर फैलते देख रहे थे। अचानक उसने पहाड़ को छिपा दिया ख़ुद को अपने जनक क्षेत्र से बाहर निकालते हुए। वह कोई ऐसी तेज़ धार नहीं थी कि वह अपने आपको अपने भाग्य पर छोड़ती बल्कि एक अवर्णनीय जानवर जिसका हम मुख्य अंश और भाषा बन गए। उसने हमें अपनी कल्पना की पूरी शक्तिशाली कमान के प्रेमपाश में बाँध लिया। कौन सा अन्तराक्षेप हमें बाधित कर सकता था? रोज़ की नियमितता उड़ चुकी थी, अलग फेंका हुआ ख़ून अपनी गर्माहट में लौट चुका था। प्रवेश द्वारा अपनाए हुए, अदृश्य हो जाने तक घिस गए, हम एक ऐसी जीत थे जिसका कभी अन्त नहीं होता।

मैदलीन* जागरण द्वीप** के साथ

—जार्ज दिलातूर द्वारा

मैं चाहूँगा कि घास आज सफ़ेद हो जाए तुम्हारी यातना का दिखता सबूत छिपा देने के लिए : मैं तुम्हारे इतने तरुण हाथ के नीचे मौत का बिना पलस्तर सख़्त रूप नहीं देख पाऊँगा। एक मनचाहे दिन, दूसरे लोग, भले ही मुझसे कम उत्सुक तुम्हारे लिनन के कुरते को उतार देंगे, तुम्हारे आले पर अधिकार कर लेंगे, लेकिन जाते-जाते वे दीप को बुझाना भूल जाएँगे और लौ की नोक से कुछ तेल असम्भव घोल पर फैल जाएगा।

* मैरी मैदलीन एक विधवा और Single माँ थीं, जो बाद में बहुत बड़ी भक्त हो गईं। उन्होंने गरीबों की मदद के लिए एक संस्था Faithful Companions of Jesus नाम से बनाई।

** एक जलाई हुई मोमबत्ती जिसे जेसु की मूर्ति के सामने रखा जाता है यह याद दिलाते रहने के लिए कि जीसस क्राइस्ट दुनिया का प्रकाश हैं और हमारी आत्मा को प्रकाशित करते हैं।

सोर्ग *

—गीत ईवोन के लिए

नदी तेज़ी से निकलती, छलकती बिना साथी के,
देती है मेरे देश के बच्चों को भावावेश का चेहरा।

नदी जहाँ ख़त्म होती है बिजली की चमक, और मेरा घर शुरू,
बहाए ले चलती है जो मेरे विवेक का मलबा विस्मृति की सरहदों तक।

नदी तुम्हारे अन्दर काँपती है धरती, सूरज रहता है बेचैन,
कि हर ग़रीब पका सके तुम्हारी फ़सल से अपनी रात में अपनी रोटी।

नदी कभी हुई ताड़ित कभी छोड़ दी गई बेदख़ल।

नौसिखियों की नदी सख़्त अवस्था में,
है नहीं कोई हवा ऐसी जो मोड़ सके तुम्हारी जल रेखाओं को।

नदी रिक्त आत्मा की, चिथड़ों की और आशंकाओं की,
खोलती पुरानी बदक़िस्मतियों की, नन्हे देवदारुओं की, करुणा की।

---

* फ्रांस की एक प्रसिद्ध नदी। रने शार् का जन्म इस नदी के किनारे बसे ख़ूबसूरत शहर, L'Isle - sur - Sorgue में हुआ था।

नदी उतावलों की, उत्तेजितों की, मेल बैठाने वालों की,
अपना हल छोड़कर चालबाज़ों में मिल जाते हुए सूरज की।

अपने से श्रेष्ठतरों की नदी निरभ्र कोहरे की नदी,
उस दीप की जो शान्त करते अपने शेड* के चारों तरफ़ फैले संताप को।

सपनों का सम्मान करती नदी और जल में प्रवेश करते कोलाहल की
उस हरीकेन की जो निगल कर अंगूर करती है घोषणा नई मदिरा की।

नदी कभी नष्ट न हो पाएँ दिल लिए कारावासों से भरी इस दुनिया में,
बनाए रख हमें प्रभावशाली और क्षितिज की मधुमक्खियों के प्रति स्निग्ध।

---

* Shade. बत्ती को आच्छादित करती छतरी या आड़।

तीन बहनें

मेरा प्यार बीकन* जैसी नीली पोशाक में,
चूमता हूँ मैं तुम्हारे चेहरे के ताप को
जहाँ ठहरी रोशनी आनन्द ले रही है चुपके-चुपके।

मैं प्यार करता हूँ और सिसकियाँ भरता हूँ। मैं ज़िन्दा हूँ
और तुम्हारा दिल है सुबह का वह तारा
जो विजयी अवधि में लजाकार हो जाता है लाल
तारामंडलों का संघर्ष तोड़ने से पहले।

तुमसे अलग बन जाए मेरा शरीर पाल
करता हो विद्रोह जो हवा से।

I

काल के अनुषंगी कुंभ में
जो बच्चा पैदा होने वाला था वह खड़िया का था।
ऋतुओं के दुशाखी प्रयाण ने
घास में छिपाकर रखा अज्ञात को।

खंड-खंड हो जाने वाले बोध ने प्रेरित
किया बसन्त को आकस्मिक बारिश पर

---

* Beacon. लाइट हाउस में संकेतक प्रकाश।

प्राकृतिक क्षेत्र की एक सुगन्धि ने
बनाए रखा एक दृश्यमान फूल को।

सम्पर्क जो हम दूषित करते हैं,
पेड़ की छाल या जमा ओस;
घेर लेती है हवा, ख़ून प्रज्वलित हो जाता है;
आँख बना देती है चुम्बन का एक रहस्य।

खुली राह को जीवन देते हुए,
बवंडर पहुँचा घुटनों तक
और यह आवेश, बिछौना आँसुओं का
मर गया बस ही धड़कन में।

II

दूसरी चिल्लाती है और भाग जाती है
मँडराती मधुमक्खी और लाल नीबू का पेड़।
वह है एक अविरत हवा का
नीला पासा लड़ाई का, पहरी जो मुस्कुराता है
जब उसका लायर* गाता है : "जो मैं चाहूँगा होगा।"

यह घड़ी है चुप रहने की,
मीनार में बदल जाने की
भविष्य करता है लालसा जिसकी।

स्व का शिकारी भाग जाता है अपना नाज़ुक घर छोड़कर :
निडर हुआ उसका शिकार भागता है उसके पीछे-पीछे

उनकी प्रांजलता इतनी ऊँची है, उनका स्वास्थ्य इतना नवीन,
कि ये दोनों बढ़ते जाते हैं निरर्थक आगे

---

* Lyre. एक वाद्ययंत्र।

नहीं कर पाते महसूस कि बहनें खींच रही हैं उन्हें पीछे अपने पास
राख की लम्बी मोहरी से सफ़ेद वनों की तरफ़।

III

यह बच्चा तुम्हारे कन्धे पर
भाग्य है तुम्हारा और तुम्हारा बोझ
ज़मीन, जिसमें जल रही है ऑर्किड*
मत करो उसे अपने आप से श्रांत।

बने रहो फूल और सरहद
बने रहो साँप और अमृत;
किमैरा** जो कुछ इकट्ठा करता है
शीघ्र त्याग देता है आश्रय।

मर जाएँ अनोखी आँखें
और वह शब्द जो प्रकाशित करता हो।
ज़ख़्म जो रेंगता है दर्पण में
है मालिक दोनों मड़ैयों का।

उन्मत्त कंधा बड़ा मुँह फाड़ता है;
ज्वालामुखी दिखता है मूक
ज़मीन जिस पर चमक रहा है पेड़ जैतून का
सब हो जाता है ग़ायब अस्थिरता में।

* रंग-बिरंगे फूलों वाली बूटी। 'Orchid'.
** शेर का सिर, बकरे का धड़ और साँप की तरह पूँछ वाला कल्पित राक्षस।

मालिक

हम अपनी ज़िन्दगी हमेशा एक अद्भुत सांध्य आलोक में शुरू करते हैं। वह सब, जो बाद में हमें हमारी विफलताओं से बचाएगा हमारे शुरू–शुरू के क़दमों के आसपास इकट्ठा हो जाता है।

मेरे बचपन में, आदमियों का आचरण, मुझे लगता था जैसे पृथ्वी की उदारता पर आसमान की मुस्कान। हम अनिष्ट को शाम की शरारत मानते थे। उल्का का गिरना हमें बहुत संवेदनशील बना देता था। मुझे याद है कि मैं बचपन में झट से प्यार और झट से दुखी होने वाला बच्चा, बहुत भाग्यशाली था। मैं कुंडली मारे साँप और नाचती तितलियों भरे दर्पण पर चला था। मैं फलों के उन बाग़ों में खेला था जो अपने हृष्ट–पुष्ट बुढ़ापे में फल दे रहे थे। मैं सरकंडों में छिप जाया करता था उन जीवों की देखरेख में जो बलूत जैसे मज़बूत और चिड़ियों जैसे संवेदी हुआ करते थे।

वह बेऐब दुनिया अब वहाँ ख़त्म हो गई है बिना कोई अस्थिग्रह छोड़े। जले हुए सिगरेट के टुकड़े, खिसकती ज़मीन, आकारहीन मुक्केबाज़ी और मेरे मौत्र *मित्र* के संरक्षण में एक छोटे से कुएँ के नीले पानी के अलावा और कुछ नहीं है।

हमारे बीच समझदारी बहुत जल्द बढ़ गई। *अब वह नहीं है,* मैं कहा करता। *वह है ही नहीं* वह मेरी ग़लती सुधारता। *नहीं* और *अब नहीं* अलग–अलग हो गए थे। उसने मुझे प्रस्तुत की एक मुस्कराते साँप के मुँह में होने की मेरी असम्भवता, जिसमें मैं बिना कष्ट के घुस गया। यह मित्र कहाँ से आया था? निस्सन्देह, सबसे मद्धिम और सबसे कम कार्यशील सूरजों में से

एक। उसकी ऊर्जा जिसे मैं बहुत तेजवान मानता था शान्त फर्न* पर फट पड़ी, मेरी उम्मीद के लिए नमी। यह परवर्ती, वास्तव में, अस्तित्व का तुषारकण मात्र था, पुनरारम्भ की नातेदारी। बूटी** बढ़ती जा रही थी वह क्रूर तट रेखा बनाते हुए जो एक दिन मुझे पार करनी पड़ेगी। मेरे *मित्र* का दिल मेरे अन्दर, दिल में एक त्रिशूल की तरह घुसा—एक मालिक दिल उन फ़तहों में गुमराह हुआ जो शीघ्र ही राख हो जाती हैं, यह दिखाते हुए कि प्रलोभन कैसे उस आदमी को बेइज़्ज़त करता है जो पहले सौदा तय करता है फिर आत्मसमर्पण कर देता है। हमारे रहस्य गिरजाघर नहीं बनाएँगे, गूँगेपन ने हमारी पूरी शक्ति ख़ाली कर दी।

उसने मुझे शब्दों की रात से ऊपर उड़ना सिखाया, लंगर डाले हुए जहाज़ों की उदासीनता से बहुत ऊपर। ग्लेशियर अपने आप में जरूरी नहीं था, अपितु, वह जो उसे अनिश्चित रूप से सम्भव करता था, उसका एकल सत्याभास। मैं बहुत सी जोशीली शत्रुताओं में शामिल हुआ, जीतने में उनकी मदद की, फिर छोड़ दिया। (न पहचाने जाने के लिए सिर्फ़ आँखें बन्द कर लेना काफ़ी था।) मैंने उनमें से वह भ्रम निकाल दिया जो वे हमसे बचने के लिए पैदा करती थीं और वह हिस्सा उनके पास छोड़ दिया जो उन्होंने हमारे सुपुर्द किया। मैंने देखा कि *मेरे शहर* में मेरे लिए कभी कोई औरत नहीं होगी। झरनों का उन्माद मेरी नेक आकांक्षाओं को प्रतीकात्मक रूप से पूरा करेगा।

इस तरह मैं एकाकीपन के काल से लौटकर L' HOMME VIOLET*** के अगले निवास पर पहुँचा। लेकिन वहाँ उसके पास सिर्फ़ उन अनवेक्षित कारावासों की, जहाँ उसने काम किया, उसके अत्याचार के मूक अनुभव की सूची भर थी, और *हमारे* पास *सिर्फ़* एक विवरण जो उसे भगोड़ा बता रहा था।

---

* एक प्रकार की घास।

** लूटा हुआ माल।

*** वायलट आदमी। ईश्वर कह सकते हैं, शहंशाह कह सकते हैं। तात्पर्य ईश्वर से है अपनी वैभवशाली वायलट शाही पोशाक में।

निष्ठा

शहर की गलियों में मेरी प्रेमिका मौजूद है। परवा नहीं अलग-अलग वक़्त वह कहाँ जाती है। वह अब मेरी प्रेमिका नहीं है, कोई भी उससे बात कर सकता है। उसे अब याद भी नहीं : किसने वास्तव में उसे प्यार किया था?

वह आँखों की इच्छा में अपने बराबर वाला ढूँढ़ती है। वह अन्तर जो वह पार करती है मेरी वफ़ादारी है। वह आशा की लकीरें खींचती है फिर बेरुख़ी से उन्हें रद्द कर देती। वह गुरुतर है बिना अपना भाग निभाए।

मैं उसकी गहराई में रहता हूँ। एक आह्लादपूर्ण ध्वंसावशेष की तरह। बिना अहसास हुए मेरा अकेलापन उसकी बहुमूल्य निधि है। उस उत्कृष्ट पराकाष्ठा में जहाँ उसकी उड़ान उत्कीर्णित है मेरी स्वतंत्रता गहराई से शोध करती है।

शहर की गलियों में मेरी प्रेमिका मौजूद है। परवा नहीं अलग-अलग वक़्त वह कहाँ जाती है। वह अब मेरी प्रेमिका नहीं है, कोई भी उससे बात कर सकता है। उसे अब याद भी नहीं : किसने वास्तव में उसे प्यार किया था और दूर से उसे रोशनी दिखाई थी ताकि वह गिर न पड़े?

"आदमी दम घुटने से दूर भागता है"

1938

आदमी दम घुटने से दूर भागता है।

आदमी कल्पना से ज़्यादा भूख वाला बिना खाद्य सामग्री जुटाए अपने आपको बन्द कर लेता है, वह ख़ुद अपने हाथों से मुक्ति पा लेगा, नदियाँ अचानक चढ़ी हुईं।

आदमी जो पूर्वाभासों से भोथरा जाता है, जो अपनी आन्तरिक शान्ति को निस्सार कर देता है और उसे रंगभूमियों में बाँट देता है, यह दूसरा, रोटी बनाने वाला होता है।

पहले वालों को जेल और मौत। बाक़ियों को धर्मग्रन्थ का क्षेत्रान्तरण।*

सृष्टि की अर्थव्यवस्था को आगे बढ़ाना, भावभंगिमाओं में ख़ून बढ़ाना, समस्त प्रकाश का कर्तव्य।

छल्ले को हम उस स्थान से पकड़ते हैं जहाँ एक तरफ़ दुष्ट बुलबुल और दूसरी तरफ़ अलौकिक कुंजी साथ-साथ बँधे होते हैं।

---

* The word.

हमारी कटुता की मेंड़ पर अन्तरात्मा का प्रभात अपना गारा जमा करने आता है।

उदात्त परिपक्वता। एक आयाम दूसरे के फल को काटता है। प्रतिवादी आयाम। योक* और पाणिबंध से निष्कासित, मैं अदृश्य क़ब्ज़ों के लोहे पर वार करता हूँ।

* Yoke = जुआ

ओरियल*

3 सितम्बर, 1939

एक ओरियल घुस आई भोर की राजधानी में।

उसके गीत की तेज़ धार ने अवसन्न शय्या बन्द कर दी।

सब कुछ ख़त्म हो गया हमेशा के लिए।

---

* बहुत सुन्दर लाल, काले, पीले रंग की चिड़िया।

खोया हुआ नंगा*

टहनियाँ वे उठाएँगे जिनकी सहनशक्ति अँधियारी रात, जो बिजली चमकने से पहले और बाद में आती है, का आश्रय लेना जानते हैं। उनके शब्द बीच-बीच में मिलते फलों के अस्तित्व को पा लेते हैं जिसे वह ख़ुद को चीरकर उत्पन्न करती है। वे खाँच और चिह्न के मातृगामी पुत्र हैं जिन्होंने इकट्ठा करने वाले कलश के मुँह तक फूलों का वृत्त ऊँचा उठा दिया। हवाओं के प्रकोप ने उन्हें अभी तक विवस्त्र रखा है। उनके विरोध में काली रात की एक रज़ाई चुरा लेते हैं।

* कवि के विचार समझने के लिए उन्हीं के दिए संकेत को ध्यान में रखिए कि यहाँ बात पेड़ों की हो रही है।

अनुपस्थित

यह उजड्ड भाई लेकिन जिसकी बात सच होती थी, त्याग के सामने अडिग, हीरा और जंगली सूअर, होशियार और सहायता करने वाला, सारी ग़लतफ़हमियों के बीच रेज़िनी पेड़ की तरह जमकर ठंड में खड़ा रहता था, असम्बद्ध। उन वंचनाओं की पशुकथाओं* के विरोध में जिनके बैताल और बवंडर उसे सताया करते थे, वह पीठ कर लिया करता था, समय में खो जाते हुए। वह आपके पास अदृश्य रास्तों से आता था, गुलनार गुस्ताख़ी पसन्द करता था, मुस्कुराना जानता था। उसी तरह जैसे एक मधुमक्खी उस फल के लिए जो काला हो चुका हो, बगीचा छोड़ देती है। औरतें बिना दर्शाए इस शक्ल की असंगतता को सहन करती थीं जिसमें बन्धक होने के कोई संकेत नहीं थे।

मैंने आपके लिए इस अलोप्य साथी का वर्णन करने की कोशिश की है जिससे हममें से बहुत से मिलते रहे हैं। हम उम्मीद में सोएँगे, हम उसकी अनुपस्थिति में सोएँगे, क्योंकि विचारशक्ति जिसका उल्लेख करती है उस पर सन्देह नहीं करती, बिना ज़्यादा सोच-विचार के, अनुपस्थिति संगति के क्रुसिबिल** में वास करती है।

---

* English में bestiary.

** पिघलाने वाला बर्तन, Crucible.

यौवन

छतों के कमीन गाह और मन्दिरों के दान-पुण्य से दूर तुम अपने को जन्म देते हो, चिड़ियों के बंधक, ओ फव्वारों। उसकी अस्थि अवशेषों की मितली में आदमी का नैतिक पतन, उसके प्रतिकारी विधाता से आदमी का संघर्ष, ये भी तुम्हें भ्रान्तिमुक्त नहीं कर सकते।

कीर्तिगान, हमने अपने आपको स्वीकार कर लिया है।

"अगर मैं सूर्य के प्रति निष्ठावान सीढ़ी के पत्थर की तरह गूँगी होती, और आइवी* से सिले अपने घावों की परवाह नहीं करती, अगर मैं उस सफ़ेद पेड़** की तरह बाल-सुलभ होती जो मधुमक्खियों के आतंक का स्वागत करता है, अगर पहाड़ियाँ गर्मियों तक बनी रहतीं, अगर चमकती बिजली ने अपनी सलाखें मेरे लिए खोल दी होतीं, अगर तेरी रातों ने मुझे माफ़ कर दिया होता..."

देख, सितारों का बगीचा, जैनिट छोड़े***, एकान्त तुमसे अलग है। एक गीत निर्वासन ख़त्म कर देता है। मेमने की कोमल हवा नई ज़िन्दगी वापस ला देती है।

---

* चिर श्यामल विशेष बेल जो हमेशा हरी-भरी रहती है।

** सफ़ेद फूलों वाले कोई भी पेड़, जैसे लिली।

*** तेज़ दौड़ने वाला छोटे क़द का स्पेन में पाया जाने वाला घोड़ा।

बार-बार

पूरे दिन आदमी की मदद करते-करते लोहे ने अपना धड़ भट्टी में, भभकती मिट्टी के ऊपर झुका लिया। आख़िर में उनके दोनों पिछले घुटनों ने ज़मीन में कसकर फँसी धातु की पतली रात को ज़ोर से चोट लगाकर बिखेर दिया।

आदमी ने बिना जल्दबाज़ी किए अपना काम छोड़ दिया। उसने अपनी बाँहें एक आख़िरी बार काले पड़े नदी के किनारे में घुसाईं। क्या वह अन्ततः घंटी के शक्ल का शैवाल पकड़ पाएगा?

बयार में विदा

पहाड़ी के ढलान पर, गाँव के पास किनारे-किनारे माइमोज़ा* के खेत डेरा डाले पड़े हैं। फूल चुनने के समय हो सकता है कि, वहाँ से कुछ दूर, आप एक बेहद सुहानी महक वाली लड़की से मिलें जिसकी बाँहें दिन भर उन कोमल टहनियों में व्यस्त रही हों। एक चमकते दीप की तरह जिसका प्रभामंडल सुगन्ध का हो, वह छिपते सूरज की तरफ़ पीठ किए अपने रास्ते चली जाती है।

उससे बात करना पाप होगा।

घास उसकी चप्पलों से दब रही थी, उसे रास्ते का हक़ देते हुए। क्या आप इतने भाग्यशाली होंगे कि उसके लबों पर रात की नमी की परिकल्पना के भ्रम को पहचान सकें?

* Mimosa. छोटे-छोटे पीले रंग के फूल पतली-पतली डालियों पर। इन्हें लाजवन्ती भी कहते हैं।

टोकरीसाज़ से हेल-मेल

मैंने तुम्हें प्यार किया। मैंने तुम्हारे चेहरे से प्यार किया, आँधी की झुर्रियों से चिरा एक झरना और तुम्हारी जागीर का निशान मेरे चुम्बन को बाँधे हुए। कुछ लोग पूरी तरह गोल कल्पना में भरोसा करते हैं। मेरे लिए चलते रहना पर्याप्त है। मैं निराशा से एक इतनी छोटी टोकरी लेकर आया, मेरे प्यार, कि उन्होंने उसे बेंत से बुन दिया।

पारदर्शी

आजकल चन्द्र-सूर्य सम्बन्धी पारदर्शी या यायावर अब क़स्बों और जंगलों से क़रीब-क़रीब ग़ायब हो गए हैं, जहाँ पहले वे सामान्य रूप से दिखा करते थे। मिलनसार और हाज़िरजवाब वे वहाँ के निवासियों से छन्दों में बात किया करते थे, उतनी-सी देर जितनी अपने बोरी-बिस्तर कन्धे से उतार कर वे ज़मीन पर रखते और फिर उठा लेते थे। निवासी उनसे प्रभावित होकर, उन्हें रोटी, शराब,* नमक और कच्चा प्याज दे दिया करते थे, और चटाई, अगर बारिश होती तो।

* तात्पर्य पानी से है। यहाँ 'शराब' सिर्फ़ इसलिए कि फ्रांस में खाने के साथ पानी की तरह शराब पी जाती है।

मूँगा

वह चौकन्ना हो गया यह सोचकर कि सुजान निगाह,
सिर्फ़ आँखें बनी रहीं झूठ की घास।
इतना है वह शंकालु कि उसका ओसारा बिगड़ गया
अकेले इन्तज़ार करते-करते उसका!

नहीं रोकता कभी कोई निष्कासित प्रकाश को
ढूँढ़ने से अपने चहेते को विस्मित अज्ञात में।
फाँद गई एक छलाँग में वह अन्तराल और ईर्ष्यालु,
और यह है एक और पूरा सितारा।

मातमी मुखौटा

एक बार एक आदमी था जो भूखा न होने के कारण, कभी भूख न लगने के कारण, विरासत को निगल गया, खाना पूरा हड़प गया, अपने पास वाले को कंगाल कर दिया, अपनी खाने की मेज़ को ख़ाली पाया, बिस्तर निर्जन, पत्नी मोटी, और उसके दिल के खेत में ज़मीन ख़राब।

क़ब्र न होने के कारण और जीते रहने की इच्छा से, पास में कुछ भी न देने और, और भी कम पाने के कारण, चीज़ें उससे दूर भागती हुईं, जानवर झूठ बोलते हुए, उसने अकाल को चुरा लिया, उसकी एक प्लेट बनाई, जो उसका दर्पण बन गई और उसका उपयुक्त ह्रास।

एक प्यारी-सी छिपकली की फ़रियाद

और मत बढ़ो सूरजमुखी,
तुम्हारे साइप्रसों* को तकलीफ़ होगी,
गोल्डफिंच** फिर भर ले अपनी उड़ान
और लौट जा अपने ऊन के घोंसले में।

तू आसमान का कंकड़ नहीं है
कि बनाए रखे तुझे हवा ऊपर
देहात की चिड़ैया; इन्द्रधनुष
जा घुलमिल गुलदाऊदी में।

आदमी बन्दूक चला रहा है, छुप जा;
सूरजमुखी उसका सहापराधी है,
हैं तेरे लिए सिर्फ़ जड़ी-बूटियाँ
खेत की जड़ी-बूटियाँ जा मुरझा रही हैं।

साँप तुझे नहीं जानता
टिड्डा चिड़-चिड़ करता है
छछूँदर देख नहीं पाती वहाँ
तितली करती नहीं किसी से नफ़रत।

---

* सुरद्रुम सरो का वृक्ष।
** स्वर्ण चटक; एक गाने वाली चिड़िया।

दोपहर हो गई गोल्डफिंच
ठहर जा, अब जा बिना डर :
आदमी लौट गया है अपने परिवार के घर!

इस देश की प्रतिध्वनि अचूक है।
मै जानती हूँ, मैं एक अच्छी पैगम्बर हूँ;
मैं अपनी छोटी-सी दीवार से सब देख लेती हूँ,
उल्लू तक का लड़खड़ाना।

कौन, एक प्यारी छिपकली से बेहतर,
बता सकता है रहस्य पृथ्वी के? ओ आसमान
    के विनम्र, दयालु राजा,
हो तेरा नीड़ भी मेरे पत्थर में।

अनूकी और बाद में जीन

मैं तुम्हें उनके सामने रखूँगा जिन्हें मैं प्यार करता हूँ। गर्मी के एक लम्बे प्रहार की तरह, उसी अव्याख्येय तरीक़े से जैसे तुमने अपने आपको मेरे सामने रखा, जीन, जब एक सुबह बिलकुल अपनी मर्ज़ी के मुताबिक, तुम हमें एक के बाद एक चट्टान से वहाँ, अहम् के अन्त तक ले गईं जिसे हम शिखर कहते हैं तुम्हारी शक्ल तुम्हारी मुड़ी हुई बाँह से आधी ढकी हुई, तुम्हारे हाथ की उँगलियाँ तुम्हारे कन्धे को ढूँढ़ती हुईं, हमारी चढ़ाई के ख़त्म होने पर तुमने हमें भेंट में दिया एक शहर, एक संरक्षक आत्मा के कष्ट और योग्यता, एक रेगिस्तान की बिखरी हुई ज़मीन, और नदी का एक जागरूक मोड़ जिसके किनारे पर खड़े कुछ राजगीर आपस में सवाल कर रहे थे। लेकिन मैं जल्दी से तुम्हारे पास लौट आया, हँसिया,* क्योंकि तुम अपनी भेंट ख़ुद उपभोग किए जा रही थीं। और, न समय, न सौन्दर्य, न संयोग, जो दिल को मुक्त करते हैं, तुम्हारा मुक़ाबिला कर सकते थे।

तब मैंने अपना पुराना ख़ज़ाना पुनरुज्जीवित किया, हम सबका ख़ज़ाना और प्रमुखता से वह देखते हुए जो कल नष्ट कर देगा, मुझे याद आया कि तुम प्यार से गले मिलने वाली अनूकी थीं, फिर उतने ही विस्मय से कि तुम जीन थीं, मेरे सबसे अच्छे दोस्त की बहिन, और उतने ही अव्याख्येय तरीक़े से, कि तुम उस अभागे घंटी बजाने वाले के लिए बाहर की थीं जिसके पिता हमेशा कहा करते थे कि वैन गो** पागल था।

---

* ध्यान दें 'Faucille', 'Fourchette' are terms of endearment used by Rene Char.

** Vincent Van Gogh (1853-1890) हॉलैंड के प्रख्यात पेंटर जो दक्षिणी फ्रांस के नामी शहर आर्ल में बहुत साल रहे।

मार खाया वयस्क

उन्हीं प्रहारों ने जिन्होंने उसे ज़मीन पर गिराया उसे जीवन में एकदम बहुत आगे भी बढ़ा दिया, उन भावी वर्षों की तरफ़ जब उसके ज़ख़्मों से जो ख़ून बहेगा वह किसी एक की अन्यायता के कारण नहीं होगा। उस झाड़ की तरह जिसकी जड़ें उसे बल देती हैं और जो अपनी मरती टहनियों को असहमत तने से चिपकाए रखता है वह फिर पीछे की तरफ़ वापस नीचे उतरने लगेगा इसी जानकारी की मूकता में और अपनी निर्दोषिता में। अन्त में, वहाँ से भागकर वह अपने को बचा लेता है और भरपूर ख़ुशी पा लेता है। वह चरागाह में बाँसों की बाड़ तक पहुँचता है, जिस कीचड़ को प्यार से सहलाता है, उसके हवा में सूखे हिलने को निहारता है। ऐसा लगता था जैसे धरती ने जितनी उत्कृष्ट और टिकाऊ चीज़ें पैदा की थीं, उन्होंने उसे मुआवज़े की तरह अंगीकार कर लिया था।

इसी तरह वह फिर शुरू हो जाएगा, तब तक, जब छूटकर भाग जाने की ज़रूरत ख़त्म नहीं हो जाती। वह आदमियों के बीच सीधा खड़ा रहेगा, एकाग्र और सावधान, और ज़्यादा सहज बेध्य और ज़्यादा सबल।

हर जीवन…

हर जीवन जो शुरू होता है
एक आहत को ख़त्म करता है
    यही हथियार है :
        कुछ नहीं,
तुम, मैं, दोनों में से कोई भी
        यह किताब
        और यह पहेली
जो बन जाओगे तुम अपनी बारी में
रेत की कड़वी सनक में।

तुम***

तुम मेरा प्यार रही हो इतने बरसों से,
मेरी बेसुधी इस इन्तज़ार से पहले,
जिसे कुछ भी क्षीण नहीं कर सकता न निस्तेज;
वह भी नहीं जो देख रहा था राह हमारे मरने की,
या सीख गया था धीरे-धीरे विरोध करना हमारा,
न ही वह जिनसे हम अनभिज्ञ हैं,
और न मेरा अदृश्य होना न मेरी वापसियाँ।

बॉक्स पादप के कपाट की तरह बन्द
एक उत्कट सघन संयोग
है हमारे पर्वतों का विस्तार,
हमारा वैभव सशक्त।

मैं कह रहा हूँ संयोग, ओ मेरी गढ़ी हुई*
हम दोनों में हर एक को मिल सकता है
दूसरे के रहस्य का एक हिस्सा
बिना खोले राज़ उसका;
और जो दर्द कहीं और से आता है
आख़िर ढूँढ़ लेता है विच्छेद अपना

---

* फ्रांसीसी शब्द है 'ma martelée' बहुत ही अनोखा सम्बोधन जिसका अंग्रेज़ी अनुवाद होगा—'wrought one.'

हमारी संगति की देह में,
ढूँढ़ लेता है आख़िर अपना सौर पथ
हमारे काले बादल के बीच
जिसे वह चीरता है और फिर शुरू हो जाता है।

मैं कह रहा हूँ संयोग ऐसा मुझे लगता है।
तुमने शिखर को और ऊँचा उठा दिया है
जिसे पार करना होगा मेरे इन्तज़ार को
जब कल गुज़र जाएगा।

मन ही मन प्यार करती लड़की

उसने मेज़ पर खाना लगा लिया, और अपने मन में वह सब बहुत अच्छी तरह सँजो लिया जो सामने बैठा उसका प्रेमी, अभी थोड़ी ही देर में, उसकी तरफ़ देखता हुआ प्यार से कहेगा—यह खाना शहनाई के शर जैसा है।

मेज़ के नीचे, उस समय, उसके नंगे टखने उसके प्रेमी की गर्माहट का प्यार से स्पर्श कर रहे थे, उसी दौरान वह आवाज़ जो उसे सुनाई नहीं दे रही थी उसका अभिनन्दन कर रही थी। लैम्प की तेज़ चमक उसके कामुक उन्माद में उलझी, उसे अपने में बुन रही थी।

वह जानती है, बहुत दूर एक बिस्तर, ख़ुशबूदार चादरों के निर्वासन में सिहर रहा है, चुपचाप इन्तज़ार कर रहा है, एक पहाड़ी झील की तरह जो कभी भी छोड़ नहीं दी जाएगी।

खिड़की का शीशा

ख़ालिस बारिश, ध्यान से देखती औरतें,
वह चेहरा जो तुम पोंछ रहे हो,
उस शीशे का जिसकी नियति है यातना सहना,
है एक विद्रोही का चेहरा;
वह दूसरा ख़ुश शीशा
कँपकँपा रहा है लकड़ियों की आग के सामने।

मैं प्यार करता हूँ तुम दोनों जुड़वाँ रहस्यों को,
मैं करता हूँ स्पर्श तुम में से प्रत्येक को;
मैं दुखी हूँ और मैं भारहीन हूँ।

संग्रहित समग्र

हँसिया डटी रही बिखरे आसमान में
बावजूद दिन और हमारे पागलपन के।
चाँद जो परे है हमारी पहुँच से दिल की फेरी लगाता रहा,
वह ठहरा रहा रात में।
बन्धन जिन्हें कुछ तोड़ नहीं सकता
सक्रिय एड़ी के नीचे बर्फ़ीली दुपहरियों के बीच।

पहुँच चुके पहले ही, ओ बसन्त के सांध्य प्रकाश!
हम जगे हुए तो थे, लेकिन हम बाहर नहीं आए।

शैवाल

मैं रगड़कर साफ़ की गई जगह की छोटी-छोटी पहाड़ियों, रहस्यमय साँसों, बिना स्मृति वाले पौधों, के बीच चल रहा था। पहाड़ ऊँचा उठ गया, छाया से भरी एक फ्लास्क प्यास का इशारा करते हुए चिपटने लगी। मेरा रास्ता, मेरी विद्यमानता धीरे-धीरे लुप्त होने लगे। तुम्हारा चेहरा पीछे को फिसलकर मेरे सामने आ गया। वह सिर्फ़ एक दाग़ था मधुमक्खी को ढूँढ़ता हुआ जो उसका एक फूल बना लेगी और उसे जीवित कहेगी। हम अलग होने वाले थे। तुम सुगन्धों के ऊँचे मैदान पर रहोगी और मैं शून्यता के बग़ीचे में घुस जाऊँगा। वहाँ चट्टानों के संरक्षण में, हवा की प्रचुरता में, मैं रात से अनुरोध करूँगा कि मेरी नींद को तुम्हारी ख़ुशी गहरी करने में लगा दे। और सारे फल पूरे हक़ से तुम्हारे होंगे।

आविष्कारक

वे आए, दूसरी तरफ़ के वनवासी, हमसे अपरिचित,
हमारे तौर-तरीक़ों के विरोधी।
वे बड़ी संख्या में आए।
उनका दल देवदारुओं की पंक्ति के बीच दिखा
और बहुत पहले फ़सल कटे खेतों में जो अब भी
आप्लावित और हरे-भरे थे।
लम्बे प्रयाण से उन्हें गर्मी लगने लगी थी।
उनकी टोपियाँ उनकी आँखों पर टूट गई थीं और
उनके थके हुए पैर खुले में इधर-उधर पड़ रहे थे।

उन्होंने हमें देखा और रुक गए।
लगता था उन्होंने सोचा तक नहीं था कि वहाँ उन्हें हम मिलेंगे,
उस ज़मीन पर जहाँ खोदी हुई मिट्टी हल्की हो गई थी
और खाँचे पास-पास थे,
किसी तरह की भेंट के प्रति पूरी तरह अचेत।
हमने सिर ऊँचा करके उन्हें आने का इशारा किया।

उनका सबसे निपुण वक्ता आगे बढ़ा, फिर एक दूसरा भी,
उतना ही मूलहीन और मन्द।
हम लोग यहाँ आए हैं, उन्होंने कहा, आपको
अतिशीघ्र आने वाले हरिकेन की बाबत आगाह करने,
आपके दुराग्रही शत्रु।

आपसे ज़्यादा हम ये चीज़ें नहीं समझते
सिर्फ़ उतना जो सुन रखा है वह और जो
हमारे पूर्वजों ने हमें बतलाया।
लेकिन पता नहीं क्यों हम आपके
सामने इतने ख़ुश हैं, और बच्चों की तरह
इतने अचानक?

हमने उन्हें धन्यवाद दिया, और उनसे विदा ली।
लेकिन उन्होंने पहले से पी रखी थी,
और उनके हाथ काँप रहे थे, आँखें किनारों से हँस रही थीं।
पेड़ों और कुल्हाड़ी के बीच रहने वाले आदमी किसी भी डर का
डट कर सामना करने में समर्थ, लेकिन पानी की दिशा बदलने,
या इमारतों की सीध मिलाने में, उन पर सुहावने रंग चढ़ाने में अपटु,
वे जाड़ों के बाग़ और ख़ुशी की किफ़ायतशारी के बारे में
कुछ नहीं जानते थे।

निस्सन्देह हम उन्हें विश्वास दिला सकते थे और उन्हें जीत सकते थे,
क्योंकि हरिकेन की यातना गहरी होती है।
हाँ, हरिकेन जल्द आने वाली थी;
लेकिन क्या वास्तव में यह बातचीत करने लायक विषय था,
और भविष्य को उद्विग्न करने के लिए भी?
यहाँ, जहाँ हम हैं, यहाँ कोई आग्रही आशंकाएँ नहीं हैं।

अच्छे पड़ोसी

हमने अकेले ही दोहराया अपने माता-पिता का पढ़ाया उड्डयन पाठ।

हम से अलग होने की उनकी उत्सुकता सिर्फ़ उनके एक-दूसरे से फिर मिलने की उत्तेजना से मेल खाती थी, दुबारा वही दबंग दम्पति बन जाने के लिए जो वे दूर से ही दिखते थे; और उसके अलावा कुछ नहीं।

छोड़ दें अपनी सम्भावनाओं को, उनके विपरीत?

उनके जाने के बाद हमने महसूस किया कि हमें आगे बढ़ने की बजाय, हमारी कमज़ोरियों को और बड़ा कर रहा था उनका पाठ, उन विषयों के बाबत जिनका अभिप्राय एक समय से दूसरे में आने पर बदल गया था।

वह कला जो आवश्यकता से उत्पन्न होती है, उस क्षण से जब उसकी आवश्यकता विचलित हो जाए, एक पहाड़ और चिड़िया के बीच की वृत्ति के अनुरूप हो जाती है।

अप्रत्याशित भविष्य

मैं तुम्हें ऐसे उत्सव में जीते देख रहा हूँ जिसे
ख़त्म होने का मेरा डर अस्पष्ट कर रहा है।
हमारे हाथ एक पुच्छल तारे को समेटे हैं।
बाँसुरी फिर से काटी जानी है।
मुश्किल से अगर एक क्रूर सूरज की नोक उगते दिन को छूती है
यह न जान कर कि इतने विजयी रस का गान करना चाहिए
या चुप रहना चाहिए, मैंने कम कर दी जकड़
काल की और उसकी फ़सल को ज़ब्त कर लिया।
प्रकट हुआ वहाँ यह बहु और बंजर इन्द्रधनुष,
सूरजमुखी ईव*, सम्भवतया मांस और मिट्टी की, नहीं करता
मैं विश्वास अनावरण औरों का, लेकिन सिर्फ़ तुम्हारा।

यह कौन गुर्रा रहा है, आ जा मेरे पीछे हमारे द्वार तक।
मैं महसूस कर रहा हूँ अपनी साँस का फिर से आना
और अन्त हो जाना मेरे दर्द का।

* आद्या स्त्री।

धँसन

अंगूरों के पास होती हैं अपनी जन्मभूमि के लिए
उँगलियाँ उसकी जो उन्हें चुनती हैं,
लेकिन कौन जो होता है उसके पास
अंगूर की उस क्रूर पतली-सी गली में?

गुच्छों की माला;
शाम को सबसे ऊँचा फल, जो डूबते सूरज के साथ गिरा देता है
एक आख़िरी स्फुलिंग।

आनन्द

बादल नदियों में हैं, सोते चक्कर लगा रहे हैं आसमान में। बिना तोड़े हुए दिन पहुँच जाते हैं बीज तक, हरे होते ही मर जाते हैं। अकाल के वक़्त ने और फ़सल के वक़्त ने, चिथड़ी हुई हवा में, एक के नीचे एक पड़े हुए अपने बीच का फरक मिटा दिया है। वे साथ-साथ खिसक जाते हैं, वे खुले में पड़ाव डाल लेते हैं! डर कैसे उम्मीद से अलग हो सकता है गड्ढों भरी गली में? अब घरों के आगे देहरी नहीं है, न धुआँ पेड़ों के बीच गलियारों में। गर्त में पड़ी गरमाई की इच्छा—और यह हल्का-सा अँधेरा हमारी पीठ पर जहाँ भविष्य के झाँकते रहने से प्रिमरोज़* परेशान रहते हैं।

आक्रमणों के रास्ते पर पुल, विजेता के प्रति भ्रामक, हारे हुए के प्रति दयालु। क्या जान पाएँगे हम, मृत्यु तले दबे, कि क्या दिल—उस चितिकर्ता को—पहले नहीं बाद में आना चाहिए था?

* बसन्ती रंग का गुलाब।

मरणशील सहभागी

मॉरिस ब्लौंशो के लिए*

उसने उसे ललकारा, सीधा उसके दिल की तरफ़ बढ़ा, एक बॉक्सर की तरह—दुरुस्त, तेज़ी से, बलपूर्वक—अपनी टाँगों की आक्रामक और रक्षात्मक ज्यामिति में केन्द्रित। उसकी निगाह अपने विरोधी के गुण भाँप रही थी, जो वार न होने के सुख और अपने अनुभव के बीच झूलता लड़ाई रोक देने में सन्तुष्ट था। उस सफ़ेद स्थल पर जहाँ लड़ाई हो रही थी, दोनों ही निष्ठुर दर्शकों को भूल गए। गर्मियों के पहले दिन के फूलों के नाम जून की हवा में लहरा रहे थे। अन्ततः दूसरे के गाल पर एक हल्की-सी खीझ दिखाई दी और उसके बाद लाली का पुट। जवाबी वार की कौंध दमकी, अक्खड़ और परिणामी। उसके घुटने जैसे रस्सी पर सूखते कपड़े, वह आदमी अचानक हवा में ऊपर उठा और लड़खड़ाने लगा। लेकिन सामने से आते मुक्कों ने इसका फ़ायदा नहीं उठाया, मैच को समाप्त न करने की मंशा से। अब दोनों लड़ाकुओं के क्षत-विक्षत सिर, एक-दूसरे से टकराने लगे। उसी क्षण, पहले ने जान-बूझकर, दूसरे के कान में कुछ बेहद अपमानजनक, या उचित, या रहस्यपूर्ण कहा होगा, जिससे वह एकाएक बिजली की तरह उछला, और उद्भ्रान्त लड़ाकू को चित करके ठंडा कर दिया।

कुछ लोगों का एक ख़ास महत्त्व होता है जो हमारी पकड़ में नहीं आ पाता। कौन हैं वे? उनका रहस्य, जीवन के अपने और भी गहरे रहस्य में निहित होता है। वे क़रीब आते हैं। वह उन्हें मार देता है। लेकिन भविष्य जिसे उन्होंने एक मरमराहट के साथ जगा दिया है, उनका बोध होने पर उनकी सृष्टि कर देता है। ओ उत्कट प्यार के डेडलस!**

---

* Maurice Blanchot (1907-2003) फ्रांसीसी लेखक, कवि, दार्शनिक।

** Daedalus. ग्रीक माइथोलॉजी में एक कुशल सृष्टिकर्ता।

नाम का एलान

मैं दस साल का था। सोर्ग नदी मुझे बहुत लुभाती थी। सूरज पानी के डायल पर घंटे बजाया करता था। लापरवाही और परेशानी ने लोहे के मुर्गे* को घरों की छत पर जड़ दिया था, जहाँ वे एक-दूसरे के सहारे सीधे खड़े रहते थे। लेकिन एक सुजान बच्चे के दिल में कौन सा पहिया ज़्यादा ज़ोर से घूम सकता है, ज़्यादा तेज़ घूम सकता है अपनी सफ़ेद आग के बीच घूमते पनचक्की के पहिए की बनिस्बत?

* वायु दिग्दर्शक।

अहानिकर आदमी

मैं रोने लगता हूँ जब सूरज छिप जाता है क्योंकि वह तुम्हें मेरे सामने से हटा देता है और उसके रात के प्रतिद्वन्द्वियों से मेरा कोई वास्ता नहीं है। हालाँकि इस समय वह काफ़ी नीचे चला गया है और ताप रहित है, उसके ढलने के विपरीत जाना, उसकी कम होती छटा को रोकना, उसके ख़त्म होते आभास में से थोड़ी भी चाह बटोरना असम्भव है। उसका जाना तुम्हें उसके अँधेरे में ऐसे पिघला देता है जैसे पानी की तेज़ धार में बालू का ढेर, ढहते किनारों से बहुत दूर। कठोरता और नरमी अपनी-अपनी लचक में फरक होते हैं लेकिन उनका असर एक सा होता है। तुम्हारे शब्दों का संगीत मेरे पास आना बन्द हो जाता है, मेरे पास बैठी हुई तुम अचानक अधूरी दिखने लगती हो; वह जो मैं अपने हाथ में पकड़े हुए होता हूँ, तुम्हारी गोल मुलायम कलाई नहीं होती, बल्कि किसी पेड़ की खोखली डाल जो मर चुका है या काटा जा चुका है। अब हम किसी चीज़ को कोई नाम नहीं दे सकते सिवाय कँपकँपाहट के। रात हो गई है। जलती आतिशबाज़ी ने मुझे अन्धा समझा।

वास्तव में मैं सिर्फ़ एक बार रोया था। डूबते सूरज ने तुम्हारी शक्ल काट दी थी। तुम्हारा सिर आसमान के गर्त में लुढ़क गया था और मुझे अगले दिन के आने में कोई विश्वास नहीं रह गया था।

कौन सा आदमी सुबह के लिए होता है और कौन सा रात के लिए?

गौरैया *

आसमान का अतिशय अंगार और दिन की पहली लालिमा,
भोर होते ही आ जाती है वह बेचैन धरती का गीत गाने,
मालिक अपनी अलमस्त चहचहाट की, कहीं भी उड़ जाने को स्वच्छन्द।
मोहित, रीझे हुए, हम मार देते हैं उसे चकाचौंध करके।

* हिन्दी शब्दकोश को मानूँ तो चंडूल कहना चाहिए। मैंने गौरैया शब्द दिया है क्योंकि गौरैया और चंडूल के रंग, रूप, चहचहाट और बाक़ी आदतों में कोई फ़र्क़ नहीं होता। सिर्फ़ चंडूल के पंख ज़्यादा लम्बे होते हैं। फ्रांसीसी शब्द Alouette है।

साँप

ग़लत समझे जाने वाले शहज़ादे मेरे प्यार का इस्तेमाल कर
उस महामहिम को बदलने के लिए
जिससे मैं नफ़रत करता हूँ सिर्फ़ कष्टदाई दमन
और भड़कीली आशा ही मिल पाने के लिए।

अपने रंगों का प्रतिकार कर, ओ सुशील सर्प।
लकड़ी की ओट में, और पूरे घर में
उस बन्ध के सहारे जो जोड़ देता है प्रकाश को डर से,
तू नाटक करता है भागने का, ओ प्रान्तस्थ सर्प!

लूर्मैरां में अमरत्व

अलबेर् कामू

ऐसी कोई सीधी या उद्दीप्त रेखा नहीं है जो हमें उस व्यक्ति से मिला दे जो हमें छोड़ चुका है। कहाँ खो गया हमारा प्यार? चक्कर में चक्कर वह अगर पास आता भी है तो फिर से एकदम लुप्त हो जाने के लिए। जब कभी उसका चेहरा हमारे चेहरे को छूता है तो सिर्फ़ एक बर्फ़ीली बिजली-सी कौंध जाती है। वह दिन जो उसके और हमारे बीच प्यार बढ़ाता रहता था अब कहीं नहीं दिखता। एक मौजूदगी के सारे हिस्से, बहुत सारे हिस्से अचानक बिखर गए हैं। हमारी सतर्कता का नियमित काम···। फिर भी यह विलोपित व्यक्ति हमारे अन्दर एक दृढ़, निस्सार, अनिवार्य रूप में विद्यमान रहता है, जहाँ हमारे सहस्त्रों वर्ष मिलकर भी एक बन्द पलक की सघनता भर बना पाते हैं।

उससे जिसे हम प्यार करते हैं, हमने बात करना बन्द कर दिया है, और यह ख़ामोशी नहीं है। फिर क्या है? हम जानते हैं या ऐसा समझते हैं कि हम जानते हैं। लेकिन सिर्फ़ तब जब सार्थक अतीत ख़ुद खुलकर उसे रास्ता दे। यहाँ, इस समय वह हमारी ऊँचाई पर है, फिर दूर, बहुत दूर, बहुत आगे।

इस समय, फिर से समाविष्ट जब हम इस उलझन की पूरी क्षमता पर सवाल उठा रहे हैं अचानक दर्द होने लगता है, वही पुराना, साथी का साथी के लिए, जो इस बार तीरंदाज़ बेध नहीं पाएगा।

आकस्मिक जीत

चिड़िया जोतती है ज़मीन,
साँप करता है बुआई,
उन्नत मौत,
सराहती है फ़सल को।

यमराज आसमान में!

हमारे अन्दर विस्फोट।
वहाँ सिर्फ़ मेरे अन्दर।
बेवकूफ़ और बहरा, कैसे हो सकता था मैं और ज़्यादा?

दूसरा अस्तित्व नहीं, न ही बदलता चेहरा,
अब और समय नहीं आग और छाया का!

आहिस्ता गिरती बर्फ़ के साथ ढलक आते हैं नीचे कोढ़ी।

अचानक प्यार, आतंक का समकक्ष, उस
हाथ से जो कभी दिखा नहीं रोक देता है
    दहन, सीधा करता है सूरज को,
    करता है पुनर्रचना प्रेमिका की

नहीं किया था एलान किसी ने इतने सबल अस्तित्व का।

मॉसान* के जागीरदार

एक के बाद एक वे हमारे सुखी भविष्य
की कामना करना चाहते रहे,
ख़ुद को ग्रहणग्रस्त और सारी व्यथा हमारे
अनुरूप बनाकर!
इस समानता का हमने तिरस्कार किया
उनके अध्यवसायी शब्दों का जवाब ना से दिया।
हमने रोड़ी-पत्थर भरने का अनुसरण किया
वह पथ जो हमारे हृदय ने हमारे लिए खोजा
हवा के खुले स्थलों और विलक्षण शांति तक
अपने आग्रही प्यार का ख़ून बहा कर
हर पत्थर से किया संघर्ष ख़ुशी हासिल
करने के लिए

अब वे कहते हैं कि उनकी दृष्टि से परे
उन्हें ज़्यादा डर लगता है ओलों की मार से
बनिस्बत हिमपात मुर्दों के!

---

* दक्षिण फ्रांस का एक परगना।

छोटा रास्ता / शॉर्ट कट

वह पहाड़ी जिसकी उसने इतनी सेवा की उसकी कमर पर तेज़ी से उतरती है। ग़रीब जिव्हाएँ उसे सलाम करती हैं; चरागाह में घूमते खच्चर उसका स्वागत करते हैं। नाले का गुलाबी मुँह अपने शीशे की लहर दो बार उसकी तरफ़ घुमा देता है। दुर्भावना सो जाती है। वैसा ही है वह जैसा होने का उसने सपना देखा था।

अन्तरिक्ष में कमरा

जंगली कबूतर का गाना ऐसा है जब
तेज़ बौछार आने को हो—, हवा में भर
जाती है बारिश की बुकनी, सुहावनी धूप—,
मैं जगता हूँ धुला हुआ, मैं उठता
हुआ गलता हूँ; मैं समेट लेता हूँ
कोमल अम्बर को।

तुम्हारे बराबर लेटा हुआ, मैं तुम्हारी स्वतंत्रता
को उभाड़ता हूँ। मैं ज़मीन का एक टुकड़ा
हूँ जो सँवार रहा है अपने फूल को।

क्या है कहीं और, तुम्हारे से
ज़्यादा दीप्तिमान गढ़ा हुआ गला? पूछना
ही है, मर जाना!

तुम्हारी आह का पंख जमा देता है पत्तियों
पर एक कोमल परत। मेरे प्यार का
तीर बन्द कर देता है तुम्हारे फल
को, पी जाता है उसे।

मैं कान्ति हूँ तुम्हारे चेहरे की जिसे मेरी कालिमा
ढक देती है ख़ुशी से।

कितनी सुन्दर है तुम्हारी चीख़ जो देती
है मुझे तुम्हारी ख़ामोशी!

लास्को *

II

काले हिरन

जल कह रहा था आसमान के कान में।
हिरन तुम सहस्रवर्षीय दूरी कूद गए हो,
चट्टान के अँधेरे से हवा के आलिंगन तक।

वह शिकारी जो तुम्हें भगा रहा है, वह रूह जो तुम्हें देख रही है,
कितना भाता है मुझे उनका आवेश मेरे इस बड़े-से तट से!
और अगर होतीं इस चाह के क्षण में उनकी आँखें मेरी?

---

* लास्को घाटी के पास गुफाएँ। फ्रांस के दक्षिण-पश्चिम में दोरदोय्य क़स्बे में मोतीय्यक गाँव के पास स्थित गुफाएँ जिनकी छत और दीवारें जानवरों के सुन्दर चित्रों से भरी हुई हैं।

III

अनुल्लेखनीय जानवर

उस अनुल्लेखनीय जानवर ने सुघड़
झुंड का चक्कर लगाया एक हास्यजनक
साइक्लॉप्स* की तरह।

आठ उपहास उसे आभूषित करते हैं और
बाँटते हैं टुकड़ों में उसकी बेवकूफ़ी।
एकनिष्ठ होकर वह जानवर डकार लेता है
गाँव की खुली हवा में।
उसके लटकते हुए भारी दाएँ-बाएँ भाग दर्द से भरे हैं, और चाहते हैं
अपना भार ख़ाली करना।
अपने खुरों से अपने बेकार सींगों तक घिरा रहता है
वह बदबूदार गन्ध से।

इस तरह मैं देख पाता हूँ लास्को के खंभों पर
बने चित्र में विचित्र रूप से छिपी हुई माँ,
आँसू भरी आँखों में बुद्धि।

* एकाक्षी दैत्य, Cyclops.

जंगली कबूतर

वह गिरा पड़ा है पंख ज़मीन पर और चोंच दीवार में
बाप और माँ ने
धकेल दिया उसे जंगला बन्द घोंसले से बाहर,
करते हुए भेंट उसे मौत की बिल्ली को!

इतनी नफ़रत है मुझे इन तेज़ उड़ने वाले दैत्यों से
कि मैंने सिर्फ़ आँख के ज़रिए बना लिया तुझे अपना कॉन्सक्रिप्ट*
अनाड़ी कबूतर, अभागे पक्षी।
साल में दो बार हम जंगल के साथी गाते हैं
सूरज का पटेला, सँभाली हुई खपरैल।

अब नहीं रही हमें तकलीफ़ प्रतिविन्यासों की
मिलते रहते हैं हम अपने साथियों से
ऋण ख़त्म करने के लिए
चोर दरवाज़े से जो फड़फड़ाता रहता है
आहिस्ते, आहिस्ते।

---

* अनिवार्य भरती किया हुआ सैनिक।

दिन क्यों उड़ता जाता है

अपने जीवन काल में कवि खड़ा हो जाता है, किसी पेड़ के सहारे, या समुद्र के, या ढलान के, या किसी ख़ास रंग के बादल के, एक क्षण के लिए, बशर्ते परिस्थिति इजाज़त दे। वह औरों की पथभ्रष्टता में नत्थी नहीं होता। उसका प्यार, उसकी पकड़, उसकी ख़ुशी के समतुल्य उन सभी जगहों पर मौजूद होते हैं जहाँ वह नहीं गया है, या कभी जाएगा नहीं, उन अजनबियों के पास जिनसे वह कभी नहीं मिलेगा। जब उसके सामने हम वह आवाज़ उठाते हैं जो उसे उन प्रयोजनों को स्वीकार करने के लिए मजबूर करती हो जो उसे बाँध दे, अगर कोई उसकी बात करता हुआ सितारों का आह्वान करता है तो वह जवाब दे देता है कि वह *पास वाले* देश का है, आकाश के पास जो अभी-अभी खाई में डूब गया है।

कवि जोश में आता है, फिर गुत्थी सुलझाने की तरफ़ दौड़ जाता है।

शाम को, हालाँकि गाल में सीखतरों जैसे गड्ढे पड़े वह एक शालीन यात्री बन जाता है जो अपनी विदाइयों को काट कर छोटा कर लेता है ताकि जब आवाँ से रोटी निकले तो वह वहाँ मौजूद हो।

यद्यपि

जैसे अन्तरिक्ष में बहुत सी अलग-अलग तरह की रातें होती हैं
दिन के समुद्र तट पर
बहुत तरह के देव होते हैं लेकिन वे इतने
फैले हुए होते हैं कि साँस और उसके स्फुरण में
पूरा एक जीवन गुज़र जाता है।

देव न अवनत होते हैं न मरते हैं बल्कि
एक उद्धृत और चक्राकार चाल में समुद्र
की तरह पीछे हट जाते हैं।

हम उनसे मिल सकते हैं, सिर्फ़ पानी के छेदों
के पास जो ज़मीन के नीचे छिपे होते हैं।

पुरानी सौर डिस्क का बेहतर बेटा, और
अपनी अलौकिक मंथरता के ज़्यादा पास,
यह महत्त्वपूर्ण स्पृहा दोहराई जाती है,
दोहराई जाती है फिर उसका काम खो जाता है।

रात फ़ुरसत से डेरा डालती रही, कौन
खिला रहा है हमें ?

ईवोन

दानशील प्यास

किसने कभी सुना उसे शिकायत करते?

सिवाय उसके कौन पी सकता था बिना मरे चालीस थकान,
न कर सकता था इन्तज़ार बहुत पहले से, बाद में आने वालों का;
उठने से सोने तक उसका ढंग पुरुषों जैसा होता था।

किसने कुएँ खोदे और स्तब्ध पानी को ऊपर उठाया
अपने दिल को हाथों के बीच डाल कर जोखिम उठाया।

निमंत्रण

मैं बुलाता हूँ उन प्रणय सम्बन्धों को
जो चुक जाने और अपने पीछे गर्मियों की
हँसिया चल जाने के बाद

अपनी कोरी निष्क्रियता से शाम की
हवा को सुगन्धित करते हैं।

अब कोई दुःस्वप्न नहीं, अविरत मधुर
निद्राहीनता नहीं।
कोई विरक्ति नहीं।

सिर्फ़ बॉल डांस* के बीच एक ठहराव
जिसमें आसमान के बादलों में सब जगह प्रवेश।

मैं फव्वारों की कलकल से पहले आ जाता
हूँ, पत्थर काटने वाले के आख़िरी चरण पर।

मेरे लायर** पर हज़ार साल होते हैं कम भारी
एक मौत से।

मैं बुलाता हूँ प्रेमियों को।

---

* स्त्री-पुरुष का सम्मिलित नृत्य।
** वीणा जैसा एक वाद्य यंत्र।

शेष

तुम्हें क्या तकलीफ़ है ? जैसे कि एक शोर रहित घर में उस शक्ल का वर्चस्व किया जा रहा हो जिसे लगता था एक उग्र दर्पण ने जड़ दिया था। जैसे कि एक ऊँचा लैम्प और एक अन्धी प्लेट पर गिरती उसकी रोशनी। तुम अपने दर्द होते गले की तरफ़ वह पुरातन मेज़ उठाते हो उस पर रखे फलों सहित। जैसे कि, तुम फिर से अपने पलायन सुबह के कुहासे में जी रहे हो, इतने प्रिय विद्रोह से मिलने के लिए, वह जो पूरी कोमलता से बेहतर जानती थी तुम्हें राहत देना और तुम्हें प्रोत्साहित करना। जैसे कि भर्त्सना करना जब तुम्हारा प्यार सो रहा हो, सर्वश्रेष्ठ द्वार की, और उस तक पहुँचने वाले रास्ते की।

तुम्हें क्या दुःख है ?

अवास्तविक में से अक्षुण्ण वास्तविकता उद्ध्वस्त। चिल्लाहटों और ख़ून से घिरे उनके साहसिक विचलन। उसमें से जो पसन्द किया गया और छुआ नहीं गया, छलाँग भरने वाले किनारे से पहुँचने वाले तट तक न सोचने वाले वर्तमान से जो लुप्त हो जाता है। एक तारे में से, पगली, जो नज़दीक आई और जो मुझसे पहले मर जाएगी।

पहलवान

आदमियों के आसमान में सितारों की रोटी (ब्रेड) मुझे कलुछाई और सख़्त लगी, लेकिन उनके पतले हाथों में मैंने, औरों को ललकारते हुए इन सूरमाओं का जाउस्त* पढ़ा : नौ तल के नीचे से अभी तक सपना देखते उत्प्रवासी; मैंने उनके सुनहरे पसीने को इकट्ठा किया, और मेरी वजह से पृथ्वी मरने से रुक गई।

* दो घुड़सवार सामंतों या शूरवीरों के बीच भाले या बर्छे से युद्ध।

भविष्य की मन्थरता

बहुत सी बर्फ़ और रूढ़ियों को पार करना ज़रूरी है भाग्यशाली होने के लिए और पलंग के पत्थर पर लाल हुए जगने के लिए।

उनके और मेरे बीच बहुत समय से एक उद्दाम रोध जैसा था जिसके स्फुटित होते फूल चुनने और एक-दूसरे को देने के लिए हम स्वतंत्र थे। कभी भी एक हाथ या बाजू की लम्बाई से ज़्यादा दूर नहीं। वे मुझे चाहते थे और मैं उन्हें चाहता था। वह व्यवधान *हवा के लिए* जहाँ मेरी पूरी ताक़त हार जाती थी, क्या था वह? यह पहले एक बुलबुल ने मुझे जताया, और फिर एक सड़ती लाश ने।

जीवन में मृत्यु, यह असंगत है, यह अरुचिकर है; मृत्यु, मृत्यु के साथ यह समझी जा सकती है, यह कोई ख़ास बात नहीं है, एक डरता हुआ पेट बिना काँपे वहाँ तक रेंग सकता है।

मैंने आख़िरी दीवार गिरा दी है, वह जो हिम बनजारों को चारों तरफ़ से घेरती है, और मैं देख रहा हूँ—ओ मेरे पहले-पहल माता-पिता—शमादान की ग्रीष्म ऋतु।

धरती पर हमारा आकार एक निरन्तर अनुगमन का सिर्फ़ दो-तिहाई है, एक बिन्दु ऊपर को।

अंजीर के पेड़ का गीत*

बर्फ़ इतनी जम गई थी कि दूधिया डालें
क्षत कर रही थीं आरी को और हाथों पर प्रहार।
बसन्त ने नहीं देखा कोमल पौधों का भी हरा होना।

काटे हुए तनों के मालिकों से माँगा अंजीर के पेड़ ने
गुल्म एक नए धर्म का।
लेकिन ओरियल, उसका ईशदूत,
अपने लौटने की उष्ण भोर में
विनाश पर उतरते हुए
ख़त्म हो गया भूख की जगह प्रेम से।

* नोट : फ्रांसीसी कविता में जर्मन शब्द 'lied' इस्तेमाल किया गया है जिसका अनुवाद गीत होता है। 'lied d Figurier.'

उल्लास

कितने प्यार से हँसती है धरती जब बर्फ़ उस पर
जगती है!
दिन-प्रतिदिन निश्चेष्ट पड़े आलिंगन करती, वह
रोती है और हँसती है।
आग जिसने भगा दिया उसकी पत्नी को दूर
मुश्किल से कर पाई बर्फ़ को लुप्त।

अगर तुम्हें फिर से जाना है खड़े हो जाओ एक
सूखे घर के सहारे
उस पेड़ की चिन्ता मत करो बहुत दूर से
जिसके कारण तुम पहचान पाओगे उसे।
उसके अपने फल कर देंगे उसे तर।

"जब परिणाम..."

जब परिणाम अस्वीकार नहीं किए जाते, कविता साँस लेने लगती है। कहती है कि उसने अपनी जगह हासिल कर ली है। पानी के उठान से आइरिस* बच गए।

अगर उठती साँस, नीचे उतरते हुए पीछे को आना, परली तरफ़ जाओ, और वह रास्ता पकड़ लो जो सिर्फ़ ख़ून से लथपथ अपने हृदय की तरफ़ जाता हो, कविता का उद्गम और समाधि।

अरबों बरसों का, सब तरफ़ से, और गोल परिधि में अन्तर प्रवाह ऑरफियस** का गीत कभी पुनःस्थापित नहीं कर पाया।

देव रूपक में होते हैं। अचानक झपट्टे में पकड़ी कविता परे से आगे बढ़ जाती है बिना संरक्षण के।

कविता हमें एक स्थगित दर्द में सुला देती है बिना ठंडे को ऊष्म से अलग किए।

एक ऐसी शाम आई जब दिल अपने आपको उन्हीं शब्दों में पहचान नहीं पाया जो उसने सिर्फ़ अपने लिए कहे थे।

कवि तोड़ देता है बन्धनों को उस सभी के जो वह छूता है। वह सिखाता नहीं है बन्धनों का अंत।

---

* लाल, पीले, नीले, बैगनी रंग के छोटे-छोटे फूल।

** ग्रीक पौराणिक कथाओं में एक संगीतज्ञ और कवि जिसका संगीत पेड़-पत्तों और चट्टानों को हिला देने की शक्ति रखता था।

द्वीप समूह से बचकर भागा हुआ

औरायन*
अनन्त और लौकिक प्यास के रंग में रंगा,
नहीं कर रहा था अब अपना तीर पैना
पुरातन हँसिए पर,
उसका चेहरा कलुछाया हुआ घिसे लोहे से,
उसके पैर एकदम तैयार किसी भी ग़लती
से बचने को,
वह ख़ुश था हमारे साथ
और रुका रहा।

फुसफुसाते हुए तारों के बीच।

* ग्रीक माइथोलॉजी में एक शक्तिशाली शिकारी; सप्तर्षि मंडल का एक नाम।

अभिलेख

गर्मी अपनी मनपसन्द चट्टान पर गा रही थी जब तुम मुझे दिखीं, गर्मी पृष्ठभूमि में गा रही थी जब हम थे—ख़ामोशी, सहानुभूति, शोकाकुल मुक्ति; समुद्र से ज़्यादा समुद्र जिसका लम्बा, नीला बेलचा हमारे पैरों में खेल रहा था।

गर्मी गा रही थी और तुम्हारा दिल उससे दूर तैर रहा था। मैंने तुम्हारी हिम्मत को गले लगाया, तुम्हारी मानसिक हलचल को सुना। रास्ता लहरों की निरंकुशता के सहारे-सहारे झाग की उन ऊँची चोटियों की तरफ़ जहाँ सद्‌गुण जहाज में सैर करते हैं उन हाथों के लिए हिंसक जो हमारे घर उठाए हुए हैं। हम असन्देही नहीं थे। हम घिरे हुए थे चारों तरफ़ से।

साल गुज़रते गए। आँधी-तूफ़ान थम गया। दुनिया चलती रही अपने रास्ते। मैं यह महसूस करके दुखी होता रहा कि तुम्हारा दिल अब मुझे देख भी नहीं रहा था। मैंने तुम्हें प्यार किया था। अपने चेहरे की अनुपस्थिति में और अपने आह्लाद के ख़ालीपन में। मैंने तुम्हें प्यार किया, हर तरह से बदलते हुए, तुम्हारे प्रति वफ़ादार।

काँच का गोला

महत्त्वाकांक्षी बसन्त आसमानी चश्मा पहने अपनी सियना* काली आँखों से नीचे जोड़े की तरफ़ देखता है। जल्दी उठो, और तुम्हें वो दोनों साथ दिखेंगे। यहाँ मैं अपना एक ताज़ा आश्चर्य बताता हूँ। तीन गाँव, दिन की पहली तह में, कोहरे में। वान्तू** ने, उस असाधारण रूप से बड़े खटोले पर से जिसमें खपरैल में लिपटे तीन बच्चे सो रहे थे, सूरज को सरकाने में कोई देर नहीं की; सूरज जिसने पूरब में उग कर खटोले को अधिराज घोषित किया, फिर छिपने से पहले दोबारा प्रकाश में डुबो दिया। खँडहर हुई चर्च की मीनार में घंटे ने फिर ज़ोर से आवाज़ की, वह ख़िदमतगार जिसे अब कोई चाहता नहीं था।

---

* यानी काली। सियना, इटली का एक शहर।

** प्रोवोन्स में एक ऊँचा पहाड़।

माचिस का चटचटाना

मैं लकड़ियों की जलती आग के बीच बड़ा हुआ, उन सुलगते अंगारों के पास जो कभी राख नहीं होते थे। मेरे पीछे एक खिड़की के सिन्दूरी शीशे के बदलते क्षितिज ने सरकंडों के धूमिल पंख को निष्क्रिय पड़े दलदल में मिला दिया। मेरी क़िस्मत में जाड़े अच्छे हुआ करते थे। ईंधन की लकड़ी के गट्ठर, असंगति और प्यार के सहयोग के बल से लटकती इस नाज़ुक व्यवस्था पर गिर रहे थे। मेरे मुँह पर कभी आग की भभक लगती तो कभी कड़ुवा धुआँ। वह बीमार वीर बिस्तर में पड़ा हुआ मेरी तरफ़ मुस्कुराता रहता जब भी दर्द के मारे वह अपनी आँखें बन्द नहीं कर पाता। क्या मैंने उसके पास बैठकर चुप रहना सीखा? राख हुई गर्माई की तरफ़ जाते रास्ते को रोकना नहीं सीखा? अपने दिल की लकड़ियों को उस आग में झोंक देना जो उसे भविष्य के अन्तरावेशों की अनजानी चिनगारियों तक ले जाएगी? तारीख़ें लुप्त हो चुकी हैं और समझौते के आक्षेप मैं नहीं जानता।

*

सिर्फ़ अपनी साँस लेते हुए मैं अपने आप से कहता हूँ कि कोई भी, बाद में, इतना ही बेचैन और अनिर्दिष्ट होगा, अपने आपको जलती आग की उड़ती चिनगारियों के बीच पाकर, जैसे इस सफ़ेद बर्फ़ीली कोहरे की रात में, एक बदक़िस्मत सितारों से जड़े रास्ते पर।

लम्बी विदाई

पानी में, एक बॉक्सर की सिलुएट* की सीधी-सादी परछाईं के साथ मुझे नींद आ गई। फिर मैं परलोक के अपने बाक़ी जीवन की वास्तविकता को भूल गया, परलोक, मुझे फिर भी आकर्षित करता रहा।

मैं अपने लौटने की पतली डोर अपने साथ नहीं ले गया था। मेरे पास मेरी सुबहों का प्रमाण था, और रौंदे हुए झरने का भी।

दूरदर्शी और नाराज़ लोग शक्ति के लेन-देन से परे रहते हैं। भविष्य के पास उनके लिए एक शब्द होगा जो उन्हें एक-एक करके सूरज और उसके रीति-रिवाज़ों के पास ले आएगा, और बाद में विना वृत्त की एक छाया के।

मैंने पहले के निशान ढूँढ़ने की ख़ास परवा नहीं की। हालाँकि बुढ़ापे ने उन्हें जकड़ लिया था, ज़्यादा गूढ़ आकृतियों ने आकाश में लरजती कतरन रेखांकित कर दी।

तो इस तरह मैं एक आदमी से मिला जो बहुत थका हुआ नहीं था, वंचनाओं में जगमगाता हुआ। मुझे अपने आपको दूर करने की बहुत ज़्यादा इच्छा हुई लेकिन मैं बिना हिचकिचाए उसी के नज़दीक भागा, प्रत्यक्ष की तरफ़!

अपार सागर, मुझे लगा, बिना तूफ़ान और बिना ताप के।

---

* छायाचित्र।

समाज

दिसम्बर का महीना था, जब रात जल्दी हो जाती है। एक उच्छृंखल बारिश बर्फ़ीली हवा से उलझ गई और उसे छुरी-सी मारने लगी। पास गुल्म में कुछ शिकारी छिपे हुए थे, एक घुटना झाड़ियों पर टिकाकर। इस मनहूस मौसम में उनका शिकार था, डरकर चकराई हुई मैनाओं का एक झुंड; निशानेबाज़ों की आँख उनके इस सम्पन्न क्षेत्र में जहाँ ज़मीन की तहें बहुत अच्छी तरह पटी हुई थीं, सूरज ढलने के साथ मरने के लिए आतुर इन चिड़ियों की कल्पना करने लगी।

बिस्तर की गहराइयाँ जोश से भरी हैं पर बहुत ठंडी।

ज़मीन की तरफ़ देखते हुए

पंखुड़ियाँ खुलती हैं और फैल जाती हैं, डंठल से बाहर निकल आती हैं, मृत्यु के संरक्षण में एक क्षण के लिए गुलाब के मुकरते हृदय में मिल जाती हैं।

गुलाब एक चमकते तारे का प्रतिरूप जिसे दूर से आती सुगन्ध ने छू लिया होता उसे एक असाधारण नक्षत्र का रंग देते हुए।

और यहाँ है निराकार, आकाश में भरी कौंधों से उनका थोड़ा-सा क्रोध माँगता हुआ…ज़मीन लुटेरों की लोलुपता, कल हमें फँसाने में बहुत तेज़! नीला प्रकाश हमारे पास पहुँचना अब शुरू हुआ है।

उनमें से एक ने कहा, तर्जनी से इशारा करते हुए : "यह चूहों का सितारा है। सिर्फ़ एक वह जिसकी छाया मुझे साफ़ दिखती है।"

कोई विवाद नहीं। लेकिन निश्चित रूप से दुर्भाग्य के प्रति दुःख।

गुलाब संख्या में अपरिज्ञेय जहाँ बूढ़े और बच्चे ज़्यादा थे, इस संदिग्ध आधार पर प्रतियोगिता समाप्त हो गई। गुलाब का झड़ना। तारे का विसरण।

प्रेमिका

इस अलमस्त प्रेमिका के लिए मैं प्यार से इतना जकड़ गया था, मैं भावनाओं से, सिहरती कामुकता से बिलकुल मुक्त नहीं था, मुझे चाहिए था, कतई नहीं चाहिए था धीरे-धीरे चुपचाप मर जाना या बदल जाना जो सिर्फ़ मेरी प्रेमिका की पलकें पहचान सकें। उग्र नयेपन की रातों ने मेरे लिए फिर से प्रेमोन्मत्त संयोजक लार तैयार कर दी जिसने अपनी इस आसक्ति में ख़ुशबू भर दी। हज़ारों एहतियातों ने एक प्यासे की तरह बेबस होकर मुझे ऐन्द्रिय आनन्द की तरफ़ बुला लिया। हमारे हाथों में नियति से ऊपर एक चाह, कल हमारे होंठों पर कौन सा डर?

पत्थरों की बारिश के नीचे, नरपिसाच...

पत्थरों की बारिश के नीचे हम क्षुब्ध विगत द्वारा भुगतान की हुई अपनी दरज़ में रुके रहेंगे। उन्मत्त भविष्य से ऊपर उठते हुए, वर्तमान अपनी सम्पूर्ण अभिरुचि, अपनी अप्रत्याशित उदारता सहित इसकी भावपूर्ण परियोजनाओं को सुरक्षित रखेगा। विलाप की कोई आवश्यकता नहीं।

प्रेमासक्त

खिड़की का हर शीशा सामने की दीवार का एक हिस्सा है, दीवार में चिना हर पत्थर एक धन्य विरागी जो अपने सुनहरे धूल-कण रेत में मिलाकर हमारी सुबह-शाम रोशन करता है। हमारी रहने की जगह का एक अपना इतिहास होगा। हवा को उसमें तेज़ी से चीरते हुए घुसकर बड़ा आनन्द आता है।

वह सकड़ी-सी जगह जहाँ यह ख़ुशक़िस्मती घूमती रहती है, नीचे एक पतली-सी गली है जिसकी पटरी हमें नहीं दिखती। जो भी वहाँ से गुज़रता है, उसका जो मन करता है उठा लेता है।

○○○

कविताओं की प्रथम पंक्ति का क्रम

Original titles of the translated poems

1. A * * *
2. A la santé du serpent
3. Allégeance
4. Anouki et plus tard Jeanne
5. Argument
6. Bons voisins
7. Chaîne
8. Chaumes des Vosges
9. Chant du refus
10. Compagnie de l' écoliere
11. Complainte du lézard amoreux
12. Conduite
13. Congé au vent
14. Corail
15. Courbet : Les casseurs de cailloux
16. Declarer son nom
17. Éprise
18. Evadné
19. Fastes
20. Fontis
21. Fréquence
22. Hommage et famine
23. Invitation
24. J' habit une douleur

25. Jeunesse
26. Joie
27. L' Absent
28. L' Adolescent Soufflete
29. L' Allégresse
30. L' Allouétte
31. L' Amante
32. L' Épi de Cristal...
33. L' Eternité a Lourmarin
34. L' Inoffensif
35. L' Instituteur revoqué
36. L'Amoureuse en Secret
37. L' Avenir non-prédit
38. L' homme fuit l'asphyxie
39. La Chambre dans l'éspace
40. La Compagne du vannier
41. La Liberté
42. La longue partance
43. La Main de Lacenaire
44. La Rose violente
45. La Sorgue
46. Le Bruit de l' allumette
47. Le Carreau
48. Le Loriot
49. Le Masque Funebre
50. Le mortel partenaire
51. Le nu perdu
52. Le ramier
53. Le regard à terre
54. Le roquin et la mouette
55. Le serpent
56. Le tout ensemble
57. Le visage nuptial

58. Lenteur de L' avenir
59. Les cerfs noirs
60. Les Inventeurs
61. Les Lichens
62. Les observateurs et les reveurs
63. Les premiers instants
64. Les Seigneurs de Maussane
65. Les transparents
66. Les trois soeurs
67. Liéd du figuier
68. Lutteurs
69. Madeleine a la veilleuse
70. Même si
71. Penombre
72. Post- scriptum
73. Pourquoi la journée vole
74. Quand les conséquence . . .
75. Qu'il Vive!
76. Quatre âges II
77. Redonnez-leur
78. Remanence
79. Seuil
80. Societé
81. Sous une pluie de pierre
82. Suzerain
83. Toute Vie
84. Traverse
85. Verrine
86. Victoire éclaire
87. Yvonne: La soif hospitaière

Principal Poetical Works by René Char

Les Cloches sur le coeur 1928
Arsenal 1929
Artine 1930
Ralentir Travaux (with André Breton and Paul Éluard) 1930
Le Tombeau des secrets 1930
Poèmes militants 1932
Le Marteau sans maître 1934; revised 1945
Moulin premier 1936
Placard pour un chemin des écoliers 1937
Dehors la nuit est gouvernée 1938; revised 1949
Le Visage nuptial 1938
Seuls demeurent 1945
Feuillets d'Hypnos [*Leaves of Hypnos*] 1946
Premières alluvions
Le Poème pulvérisé 1947
Fureur et mystère 1948; revised 1962
Le Soleil des eaux 1949; revised 1951
Les Matinaux 1950; revised 1964
À une sérénité crispée , 1951
A la santé du serpent 1954
Poèmes des deux années 1955
Recherche de la Base et du Sommet 1955; revised 1971
La Bibliothèque est en feu 1956

En trente-trois morceaux 1956

Jeanne qu'on brula verte 1956

Les Compagnons dans le jardin 1957

Poèmes et prose choisis 1957

La Montée de la nuit 1961

La Parole en archipel 1962

Commune présence 1964

L'Age cassant 1965

Retour amont 1966

Les Transparents 1967

Dans la pluie giboyeuse 1968

Le Nu perdu 1971

La Nuit talismanique 1972

Aromates chasseurs 1975

Chants de la Balandrane: Poèmes 1977

Fenêtres dormantes et porte sur le toit 1979

Les Voisinages de Van Gogh 1985

Eloge d'une Soupçonnée 1988 (posthumous).

Char's *Œuvres complètes* were published in the prestigious *Bibliothèque de la Pléiade* (Gallimard) in 1983 with an introduction by Jean Roudaut. An augmented posthumous re-edition appeared in 1995.

—

Interesting to know that:

Throughout his career Char's work appeared in various editions, often with artwork by notable figures like Kandisky, Picasso, Braque, Miro, Matisse, and Viera da Silva.

The composer Pierre Boulez wrote three settings of Char's poetry, ***Le Soleil des eaux***, ***Le Visage nuptial***, and ***Le Martaux sans maitre***.

Among the poets to translated his hermetic works into English are William Carlos Williams, Samuel Beckett, Richard Wilbur, James Wright, John Ashbery, W. S. Merwin, Cid Corman, Gustaf Sobin, Kevin Hart, and Paul Auster. Translators into German include Paul Celan and Peter Handke; translators into Bulgarian include Georgi Mitzkov and Zlatozar Petrov.

Works Consulted

Poetry Collections by Rene Char

1. **Les Matinaux** , Paris, Gallimard, 1950
2. **Le Marteau sans maitre**, Paris, 1945
3. **Lettera amorosa**, Paris Gallimard, 1952
4. **Le nu perdu**, Paris Gallimard, 1971
5. **Aromates chasseurs**, Paris , Gallimard, 1975
6. **Fureur et mystere**, Paris Gallimard, 1962
7. **Dehors la nuit est gouvernee precede de Placard pour un chemin des ecoliers**, Paris, Guy Levis, Mano, 1971
8. **Rene Char, Cahier dirige** par Dominique Fourcade. Paris, Editions de L' Herme, 1970 and,
9. Poems by Rene Char available online.

On Rene Char and his work

1. Kedarnath Singh, **Mere Samay ke Shabda** (मेरे समय के शब्द), New Delhi, Radhakrishan Prakashan Pvt. Ltd. 1993
2. James Lawler, **The Myth and the Poem**, 1978. (online Google version, in parts only).
3. **Rene Char, *La Sorgue et Autres Poemes*.** Avant-propos, notes explicatives questionnaires, documents et parcours thematique, etabli par Marie-Claude Char et Paul Veyne, Paris, Classiques Hachette, n. d.
4. **Rau, Greta. Rene Char ou la poesie accrue**, Paris , Jose Corti, 1957
5. Several JSTOR and other articles on Google.

Le marteau sans maître, Gallimard, 2002

La Sorgue et autres poems, Hachette Classiques, 1994

Lettera amorosa, Gallimard 2007

Les Matinaux Gallimard, 1950

Fureur et mystere, Gallimard 1948

Le nu perdu, Gallimard, 1978

Aromates Chasseurs, gallimard, 1975

Dehors la nuit est Gouvernee
precede de Placard pour un chemin des ecoliers, Gallimard,1938

L' Herme: Rene Char

Rau, Greta. Rene Char ou le poete accrue, Paris, Jose Corti, 1957